二訂版
初めての中国語—実用編

羅　奇　祥　著
仲川　麻衣子

駿河台出版社

音声について

本書の音声は、下記サイトより無料でダウンロード、
およびストリーミングでお聴きいただけます。

https://stream.e-surugadai.com/books/isbn978-4-411-03152-5/

＊ご注意

・PC からでも、iPhone や Android のスマートフォンからでも音声を再生いただけます。
・音声は何度でもダウンロード・再生いただくことができます。
・当音声ファイルのデータにかかる著作権・その他の権利は駿河台出版社に帰属します。
　無断での複製・公衆送信・転載は禁止されています。

はじめに

　日中両国の交流が深まるにつれ、仕事・留学・観光などで来日する中国人や、中国に行く日本人が年々増えています。「それに対応できる実用的な中国語を少し身につけたい。」本書はそのような希望者を対象にして作られたものです。

　第１課から第６課までは日本をステージに設定し、来日した中国人に自分・家庭・学校・趣味などを中国語で紹介する場合、またメールや電話などを中国語で表現する場合を想定してその内容を編集しました。第７課から第12課まではステージを中国に移して、向こうで旅行・留学・買い物などをする場合、漢民族の風俗習慣、中国の祝祭日、飲食文化について語り合う場合を想定してその内容を編集しました。

　各課には「単語」・「文法ポイント」・「本文」・「置換えて言おう」・「会話」・「トライ！練習」を設けました。非常に実用的な会話文を、ネイティブ特有のごく自然な対話形式で編集してあります。そして、中国語の読解の参考になるように、普段よく使われる言葉の使い方について解説し、加えてそれに関する練習を設けていますので、理解度のチェックにも役立つはずです。また、「中国豆知識」を設け、これによって学習者が語学力を磨くだけでなく、歴史的にも深い関わりのある中国に興味を抱く一助となれば幸いです。

　大学の授業時間に合わせて、テキストは全部で12課にしました。１課の学習はほぼ２・３回の授業で終えられるようにしてあります。

　最後にこの企画に対して、多分の御尽力を頂きました駿河台出版社社長の井田洋二氏、スタッフの猪腰くるみ氏に心から感謝の意を表したいと思います。

２００９年春

著者

目　　次

第1课　介绍
Dì　yī　kè　　Jièshào

文法ポイント

１．介詞「在、从」
　目的語をとって、介詞構造の形で用いられ、「在」は動作・行為の場所・範囲を表し、「从」は起点を表す。

　①　孩子们在公园里玩儿。　Háizimen zài gōngyuánli wánr.

　②　我明天从公司去你家。　Wǒ míngtiān cóng gōngsī qù nǐ jiā.

　「在」はまた、動詞の使い方もある。

　③　今天下午我在家。　Jīntiān xiàwǔ wǒ zài jiā.

２．助動詞「能」
　動詞の前に用いて、「…をする能力がある」こと、また一定の条件が整って、「…することができる」ことを表す。否定は「不能」である。

　①　他能开飞机。　Tā néng kāi fēijī.

　　　　　　　　　　　开 kāi　（車・機械を）運転する、操縦する／飞机 fēijī　飛行機

　②　你今天下午能来吗?　Nǐ jīntiān xiàwǔ néng lái ma?

　③　老师还没来，还不能上课。　Lǎoshī hái méi lái, hái bù néng shàngkè.

　　　　　　　　　　　　　　　上课 shàngkè　授業をする、受ける

３．時態助詞「过」
　動詞のすぐ後に用いて、日本語の「…したことがある」という意味を表す。否定は動詞の前に「没」を加える。

　①　我去过中国。　Wǒ qùguo Zhōngguó.

　②　他没吃过北京烤鸭。　Tā méi chīguo běijīng kǎoyā.　　北京烤鸭 běijīngkǎoyā　北京ダック

本 文

🔊 01

単語	老家　lǎojiā：実家	驻……办事处　zhù……bànshìchù：
	专业　zhuānyè：学科、専攻	…駐在事務所
	初次见面，请多多关照	认识　rènshi：知り合う
	chūcìjiànmiàn, qǐngduōduōguānzhào：	感到　gǎndào：感じる
	初めまして、よろしくお願いします	各位　gèwèi：みなさん
	田地　tiándì：田畑	

自我介绍① *Zìwǒjièshào*

🔊 02

同学们　好！　我　叫　铃木　良子，老家　在　石川县　金泽市。现在　是
Tóngxuémen hǎo! Wǒ jiào Língmù Liángzǐ, lǎojiā zài ShíchuānXiàn JīnzéShì. Xiànzài shì

横滨大学　经济系　二年级　的　学生，专业　是　国际　经济。初次　见面，
HéngbīnDàxué jīngjìxì èrniánjí de xuésheng, zhuānyè shì guójì jīngjì. Chūcì jiànmiàn,

请　多多　关照。
qǐng duōduō guānzhào.

自我介绍② *Zìwǒjièshào*

🔊 03

我　叫　田中博正。"田"　是　田地　的　田，"中"　是　中国　的　中，
Wǒ jiào TiánzhōngBózhèng. "Tián" shì tiándì de tián, "zhōng" shì Zhōngguó de zhōng,

"博"　是　博物馆　的　博，"正"　是　正确　的　正。我　是　日本　松下通信
"bó" shì bówùguǎn de bó, "zhèng" shì zhèngquè de zhèng. Wǒ shì Rìběn Sōngxiàtōngxìn

公司　的　职员，现在　在　松下电器　公司　驻　北京　办事处　工作。今天
gōngsī de zhíyuán, xiànzài zài Sōngxiàdiànqì gōngsī zhù Běijīng bànshìchù gōngzuò. Jīntiān

能　认识　大家，我　感到　很　高兴，今后　请　各位　多多　关照。
néng rènshi dàjiā, wǒ gǎndào hěn gāoxìng, jīnhòu qǐng gèwèi duōduō guānzhào.

1. A：您贵姓?　　Nín guìxìng?
　 B：我姓王，叫王国华。　　Wǒ xìng Wáng, jiào Wáng Guóhuá.

① B：铃木　铃木良子
　　　 Língmù　Língmù Liángzǐ
② B：田中　田中博正
　　　 Tiánzhōng Tiánzhōng Bózhèng
③ B：自分の苗字　自分のフルネーム

2. A：你叫什么名字?　　Nǐ jiào shénme míngzi?
　 B：我叫铃木良子。你呢?　　Wǒ jiào Língmù Liángzǐ. Nǐ ne?
　 A：我叫王国华。　　Wǒ jiào Wáng Guóhuá.

① B：田中良子　　　　A：李明
　　　 Tiánzhōng Liángzǐ　　 Lǐ Míng
② B：王国华　　　　　A：田中博正
　　　 Wáng Guóhuá　　　　 Tiánzhōng Bózhèng
③ B：自分のフルネーム　A：自分のフルネーム

3. A：我介绍一下儿，这位是从中国来的老师，叫李明。
　　　 Wǒ jièshào yíxiàr, zhèwèi shì cóng Zhōngguó lái de lǎoshī, jiào Lǐ Míng.
　 B：李老师，你好!　　Lǐ lǎoshī, nǐhǎo!
　 C：你好!　　Nǐ hǎo!

① A：台湾　医生　王国华　　　　　　B：王先生
　　　 Táiwān yīshēng Wáng Guóhuá　　　 Wáng xiānsheng
② A：美国　教练　约翰·布什　　　　 B：布什先生
　　　 Měiguó jiàoliàn Yuēhàn·Bùshí　　　 Bùshí xiānsheng
③ A：德国　工程师　乔治·施特劳斯
　　　 Déguó gōngchéngshī Qiáozhì·Shītèláosī
　 B：施特劳斯先生
　　　 Shītèláosī xiānsheng

这位 zhèwèi　この方
教练 jiàoliàn
　（スポーツ）監督
约翰·布什 Yuēhàn·Bùshí
　（人名）ヨハン・ブッシュ
工程师 gōngchéngshī
　エンジニア
乔治·施特劳斯
　Qiáozhì·Shītèláosī
　（人名）ジョージ・シュト
ラウス

会 話

🔊 04

<table>
<tr><td>単
語</td><td>校园　xiào yuán：キャンパス
姓　xìng：（苗字は）…という
多　duō：よく
一下儿　yíxiàr：ちょっと、少し</td><td>指教　zhǐjiào：指導する、教える
不敢当　bùgǎndāng：
　　どういたしまして、恐れ入ります</td></tr>
</table>

在校园 Zài xiàoyuán

🔊 05

A：你 好！
　　Nǐ　hǎo!

B：你 好！
　　Nǐ　hǎo!

A：我 姓 田中，叫 田中 博正。
　　Wǒ xìng Tiánzhōng, jiào Tiánzhōng Bózhèng.

B：我 姓 铃木，叫 铃木 良子。
　　Wǒ xìng Língmù, jiào Língmù Liángzǐ.

A：我 是 横滨 大学 理工学 系 二年级 的 学生。
　　Wǒ shì Héngbīn Dàxué lǐgōngxué xì èrniánjí de xuésheng.

B：我 也 是。初次 见面，请 多多 关照。
　　Wǒ yě shì. Chūcì jiànmiàn, qǐng duōduō guānzhào.

A：我 也 请 你 多 关照。我 介绍 一下儿，这 位 是 从 中国 来 的
　　Wǒ yě qǐng nǐ duō guānzhào. Wǒ jièshào yíxiàr, zhè wèi shì cóng Zhōngguó lái de
　　留学生，叫 李丽。
　　liúxuéshēng, jiào Lǐ Lì.

C：铃木 小姐，你 好！认识 你，很 高兴。
　　Língmù xiǎojie, nǐ hǎo! Rènshi nǐ, hěn gāoxìng.

B：我 也 很 高兴。我 的 第二 外语 是 汉语，今后 请 多 指教。
　　Wǒ yě hěn gāoxìng. Wǒ de dìèr wàiyǔ shì Hànyǔ, jīnhòu qǐng duō zhǐjiào.

C：不敢当。
　　Bùgǎndāng.

トライ!練習

1．「在、从、能、过」から適当なものを選んで空白を埋めてから日本語に訳しなさい。

① 李明先生（　　）北京饭店工作。　　　　　　　　　饭店 fàndiàn　ホテル、レストラン

② 我昨天没（　　）家，明天也不（　　）家。

③ 铃木（　　）滑雪。　　　　　　　　　　　　　　　滑雪 huáxuě　スキー（をする）

④ 我今天（　　）大学去新宿。

⑤ 他们还没喝（　　）茉莉花茶。　　　　　　　　茉莉花茶 mòlihuāchá　ジャスミン茶

中国豆知識

★中国の国土

地図をヒントにして表に書き込んでみよう！

陸地総面積　960万㎢

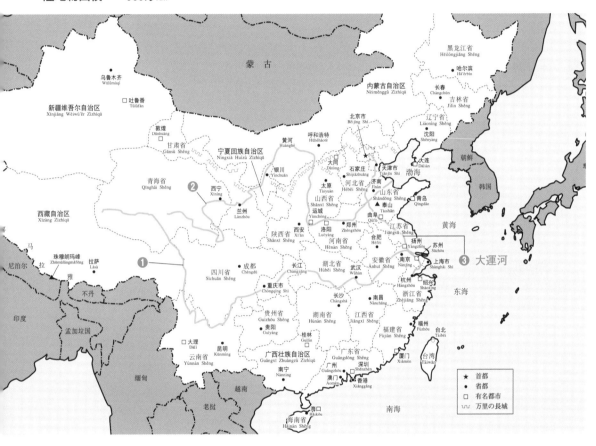

河川

❶	全長6,300km、中国第一位、世界第三位。中流に世界最大規模の水力発電用ダム「三峡ダム（三峡水库 Sānxiá shuǐkù）」がある。	
❷	全長5,464km、中国第二位。	
❸	北京郊外から杭州まで全長1,801km、人工運河としては世界最長である。	大運河

第2课　生活、爱好
Dì　èr　kè　　Shēnghuó、　àihào

文法ポイント

1．介詞「离」

目的語をとって、空間的・時間的な二点間の隔たりを表す。

① 冲绳离东京很远。　　Chōngshéng lí Dōngjīng hěn yuǎn.

② 现在离下课还有十分钟。　　Xiànzài lí xiàkè hái yǒu shífēn zhōng.　　下课 xiàkè 授業が終わる

2．助動詞「可以」

動詞の前に用いて、許可を表す。否定は「不可以、不能」である。

① A：我可以去你家吗?　　Wǒ kěyǐ qù nǐ jiā ma?
　　B：可以。　Kěyǐ.

② A：这儿可以照相吗?　　Zhèr kěyǐ zhào xiàng ma?
　　B：这儿不能照相。　Zhèr bù néng zhào xiàng.　　照相 zhàoxiàng 写真を撮る

3．時態助詞「了」

動詞の後に用いて、動作の完了（過去完了と未来完了）を表す。

① 铃木买了一台四十英寸的等离子电视机。（過去完了）
Língmù mǎile yìtái sìshí yīngcùn de děnglízǐ diànshìjī.　　英寸 yīngcùn インチ／等离子 děnglízǐ プラズマ

② 我吃了饭就去。（未来完了）　Wǒ chīle fànjiù qù.

過去においてよく行われていた動作の場合、時態助詞「了」を用いる必要はない。

③ 以前，他常常去游泳池游泳。　　Yǐqián, tā chángcháng qù yóuyǒngchí yóuyǒng.

游泳池 yóuyǒngchí プール／游泳 yóuyǒng 水泳

本文

単語

住在　zhùzài：…に住む	刷牙　shuāyá：歯を磨く
租　zū：賃借りをする	洗脸　xǐliǎn：顔を洗う
房子　fángzi：家	打工　dǎgōng：アルバイトをする
骑　qí：（またがって）乗る	打扫　dǎsǎo：掃除する
自行车　zìxíngchē：自転車	上街　shàngjiē：町に行く
平时　píngshí：普段	

日常生活　Rìchángshēnghuó

🔊 07

我　是　横滨　大学　的　学生，老家　在　北海道。现在　一　个　人　住在
Wǒ　shì　Héngbīn　Dàxué　de　xuésheng, lǎojiā　zài　Běihǎidào. Xiànzài　yí　ge　rén　zhùzài

东京都　板桥区，是　租　的　房子。我　家　离　大学　不　太　远，骑　自行车
DōngjīngDū BǎnqiáoQū,　shì　zū　de　fángzi. Wǒ　jiā　lí　dàxué　bú　tài　yuǎn, qí　zìxíngchē

只要　十　分　钟。
zhǐyào　shí　fēn　zhōng.

我　平时　早上　七　点　半　起床。刷牙、洗脸、吃　早饭　后，八　点
Wǒ　píngshí　zǎoshang　qī　diǎn　bàn　qǐchuáng. Shuāyá,　xǐliǎn,　chī　zǎofàn　hòu,　bā　diǎn

半　骑　自行车　去　大学，九　点　上课。我　星期　一、二、四、五　和
bàn　qí　zìxíngchē　qù　dàxué, jiǔ　diǎn　shàngkè. Wǒ　xīngqī　yī,　èr,　sì,　wǔ　hé

星期　六　上午　有　课，星期　三　要　去　打工，教　小学生　国语　和
xīngqī　liù　shàngwǔ　yǒu　kè,　xīngqī　sān　yào　qù　dǎgōng, jiāo　xiǎoxuéshēng　guóyǔ　hé

数学。星期　六　下午　和　星期　天　在　家　打扫　房间、洗　衣服、做　饭，
shùxué. Xīngqī　liù　xiàwǔ　hé　xīngqī　tiān　zài　jiā　dǎsǎo　fángjiān, xǐ　yīfu, zuò　fàn,

有时　还　上街　买买　东西、看看　电影。
yǒushí　hái　shàngjiē　mǎimai　dōngxi,　kànkan　diànyǐng.

置き換えて言おう

1. A：你家离大学远吗? 　　Nǐ jiā lí dàxué yuǎn ma?
   B：不太远，坐公共汽车只要十分钟。
   　　Bú tàiyuǎn, zuò gōnggòng qìchē zhǐyào shífēnzhōng.

① A：图书馆　　　　B：很近　走路　五分钟
　　túshūguǎn　　　　　 hěnjìn　zǒulù　wǔfēnzhōng

② A：公司　　　　　B：还可以　坐地铁　十五分钟
　　gōngsī　　　　　 　háikěyǐ　zuòdìtiě　shíwǔfēnzhōng

③ A：银座　　　　　B：不很远　骑自行车　三、四分钟
　　Yínzuò　　　　 　bùhěnyuǎn　qízìxíngchē　sān、sìfēnzhōng

走路 zǒulù　道を歩く
还可以 háikěyǐ
　まずまずである

2. A：你每天看电视吗? 　　Nǐ měitiān kàn diànshì ma?
   B：对，每天从晚上 十点到十一点半 看电视。
   　　Duì, měitiān cóng wǎnshang shídiǎn dào shíyīdiǎnbàn kàn diànshì.

① A：复习功课　　B：下午　三点半　四点半　复习功课
　　fùxígōngkè　　　 xiàwǔ　sāndiǎnbàn　sìdiǎnbàn　fùxígōngkè

② A：跑步　　　　B：下午　五点　五点半　跑步
　　pǎobù　　　　　 xiàwǔ　wǔdiǎn　wǔdiǎnbàn　pǎobù

③ A：上网　　　　B：晚上　八点半　十点　上网
　　shàngwǎng　　　 wǎnshang　bādiǎnbàn　shídiǎn　shàngwǎng

从…到… cóng…dào…
　…から…まで
功课 gōngkè　学業
跑步 pǎobù
　ジョギング
上网 shàngwǎng
　インターネットで情報
　を調べる(見る)

3. A：你的爱好是什么? 　　Nǐ de àihào shì shénme?
   B：我喜欢看书。 　　Wǒ xǐhuan kàn shū.
   A：你喜欢看什么书? 　　Nǐ xǐhuan kàn shénme shū?
   B：我喜欢看推理小说。 　　Wǒ xǐhuan kàn tuīlǐ xiǎoshuō.

① B：做菜　　　A：做　菜　　　B：做中国菜
　　zuòcài　　　　 zuò　cài　　　　zuòzhōngguócài

② B：听音乐　　　A：听　音乐　　B：听西洋古典音乐
　　tīngyīnyuè　　 tīng　yīnyuè　 tīngxīyánggǔdiǎnyīnyuè

③ B：打球　　　A：打　球　　　B：打网球
　　dǎqiú　　　 　dǎ　qiú　　　 dǎwǎngqiú

爱好 àihào　趣味
西洋古典音乐
　xīyánggǔdiǎnyīnyuè
　クラシック
打球 dǎqiú　球技をする
网球 wǎngqiú　テニス

14

会　話

 08

単　語

跳　tiào：踊る
安达鲁西亚舞　āndálǔxīyàwǔ：フラメンコ
小组　xiǎo zǔ：サークル
可以　kěyǐ：…できる
消除　xiāo chú：解消する

精神上的紧张状态
　jīngshénshang de jǐnzhāng zhuàngtài：ストレス
成龙　ChéngLóng：
　（人名）ジャッキー・チェン
主演　zhǔyǎn：主演する
影片儿　yǐngpiānr：映画

谈爱好　Tán àihào

 09

A：铃木，你 的 爱好 是 什么?
　　Língmù, nǐ de àihào shì shénme?

B：我 喜欢 跳 安达鲁西亚舞，我 参加 了 学校 的 安达鲁西亚舞 小组。
　　Wǒ xǐhuan tiào āndálǔxīyàwǔ, wǒ cānjiā le xuéxiào de āndálǔxīyàwǔ xiǎozǔ.

A：每 星期 练习 几 次?
　　Měi xīngqī liànxí jǐ cì?

B：练习 两 次。跳 安达鲁西亚舞 可以 消除 精神上 的 紧张 状态。田中，
　　Liànxí liǎng cì. Tiào āndálǔxīyàwǔ kěyǐ xiāochú jīngshénshang de jǐnzhāng zhuàngtài. Tiánzhōng,

　　你 的 爱好 呢?
　　nǐ de àihào ne?

A：我 的 爱好 是 看 电影，特别 是 喜欢 看 成龙 主演 的 影片儿。
　　Wǒ de àihào shì kàn diànyǐng, tèbié shì xǐhuan kàn ChéngLóng zhǔyǎn de yǐngpiānr.

B：成龙 主演 的 影片儿 我 也 喜欢，有 机会 我们 一起 去 看 吧。
　　ChéngLóng zhǔyǎn de yǐngpiānr wǒ yě xǐhuan, yǒu jīhuì wǒmen yìqǐ qù kàn ba.

A：好的。
　　Hǎode.

トライ!練習

1．介詞「离」、助動詞「可以」、時態助詞「了」を使って次の文を中国語に訳しなさい。

① 私の家は、大学からあまり遠くない。

② 授業が始まるまでまだ三十分間ある。

③ ここでタバコを吸っていいですか。
　　　　　　　　　　　　　　　　　　　　　　抽烟 chōuyān　タバコを吸う

④ テレビを見てからすぐ寝る。

⑤ 田中さんは、肉まんを三つ食べた。
　　　　　　　　　　　　　　　　　　　　　　肉包子 ròubāozi　肉まん

★中国の行政区画

日本最大の行政区画「都道府県」にあたる❶〜❹を ┄┄┄┄ から選んで書き込んでみよう！

> A：自治区 zìzhìqū（自治区）
> B：特別行政区 tèbiéxíngzhèngqū（特別行政区）
> C：省 shěng（省）
> D：直轄市 zhíxiáshì（直轄市）

❶	河北省（河北省 HéběiShěng）・江蘇省（江苏省 JiāngsūShěng）など23ある。	
❷	内モンゴル自治区（内蒙古自治区 NèiměnggǔZìzhìqū）・広西チワン族自治区（广西壮族自治区 GuǎngxīZhuàngzúZìzhìqū）・チベット自治区（西藏自治区 XīzàngZìzhìqū）・寧夏回族自治区（宁夏回族自治区 NíngxiàHuízúZìzhìqū）・新疆ウイグル自治区（新疆维吾尔自治区 XīnjiāngWéiwú'ěrZìzhìqū）	
❸	北京市（北京市 BěijīngShì）・上海市（上海市 ShànghǎiShì）・天津市（天津市 TiānjīnShì）・重慶市（重庆市 ChóngqìngShì）	
❹	香港特別行政区（香港特别行政区 XiānggǎngtèbiéXíngzhèngqū）・マカオ特別行政区（澳门特别行政区 ÀoméntèbiéXíngzhèngqū）	

★中国の都市

中国の都市を ┊┊┊┊┊ から選んで書き込んでみよう！

> A：桂林　Guìlín （桂林）
> B：苏州　Sūzhōu （蘇州）
> C：昆明　Kūnmíng （昆明）
> D：北京　Běijīng （北京）
> E：上海　Shànghǎi （上海）
> F：南京　Nánjīng （南京）

（地図 p11 参照）

❶	中華人民共和国の首都で、中国の政治・文化の中心である。	
❷	中国最大の都市で、中国の経済の中心である。	
❸	夏は非常に暑く気温が度々40℃以上に上昇するので、中国の「三大ストーブ」の一つと呼ばれている。	
❹	気候はとてもよく、年中春のようなので「春の町」と呼ばれている。	
❺	山は緑したたり、川は水きよらかで、故に「桂林の山水は天下一」との言葉がある。	
❻	この都市は庭園が典雅・個性的で、杭州は風光明媚である。故に「天に極楽あれば、地に蘇州・杭州あり」と称えられる。	

第 3 课　学校、学习
Dì sān kè　Xuéxiào、　xuéxí

1．概数の言い方

「三、四」、「五、六十」、「……左右、几、多、来」などを用いて、概数を表すことができる。

① 他有五、六本中文词典。　Tā yǒu wǔ、liù běn Zhōngwén cídiǎn.

② 我已经等了他三十分钟左右。　Wǒ yǐjīng děng le tā sānshí fēnzhōng zuǒyòu.

③ 田中去桂林旅行了几天。　Tiánzhōng qù Guìlín lǚxíng le jǐ tiān.

④ 现在四十英寸的液晶电视机也不贵，只要一万多块钱。
　Xiànzài sìshí yīngcùn de yèjīng diànshìjī yě bú guì, zhǐ yào yíwàn duōkuài qián.

⑤ 他在那儿住了三十来天。　Tā zài nàr zhù le sānshí lái tiān.

2．因为……，所以……

「…のために、だから…である」という意味を表す。

① 因为今天下雨，所以我们不去万里长城。
　Yīnwèi jīntiān xià yǔ, suǒyǐ wǒmen bú qù WànLǐChángchéng.

② 铃木因为在中国住了十几年，所以中文水平很高。
　Língmù yīnwèi zài Zhōngguó zhù le shí jǐ nián, suǒyǐ Zhōngwén shuǐpíng hěn gāo.

本 文

🔊 10

<table>
<tr><td rowspan="3">単語</td><td>另　lìng：別の</td><td>教工　jiàogōng：教職員</td></tr>
<tr><td>各　gè：それぞれ</td><td>小卖部　xiǎomàibù：売店</td></tr>
<tr><td>藏书　cángshū：蔵書</td><td></td></tr>
</table>

我们的大学　Wǒmendedàxué

🔊 11

我们　的　大学　有　两　个　校园。一　个　在　东京都　涩谷区，另　一
Wǒmen de dàxué yǒu liǎng ge xiàoyuán. Yí ge zài DōngjīngDū SègǔQū, lìng yí

个　在　神奈川县　川崎市。一、二　年级　在　川崎市　的　校园　上课，三、
ge zài ShénnàichuānXiàn ChuānqíShì. Yī、èr niánjí zài ChuānqíShì de xiàoyuán shàngkè, sān、

四　年级　在　涩谷区　的　校园　上课。我们　大学　的　规模　比较　大，有
sì niánjí zài SègǔQū de xiàoyuán shàngkè. Wǒmen dàxué de guīmó bǐjiào dà, yǒu

九　个　系、二万　五千　多名　学生。两　个　校园里　各　有　一　个　图书馆
jiǔ ge xì、èrwàn wǔqiān duōmíng xuésheng.Liǎng ge xiàoyuánli gè yǒu yí ge túshūguǎn

和　一　个　体育场，两　个　图书馆　一共　有　藏书　五十　万册　左右。
hé yí ge tǐyùchǎng, liǎng ge túshūguǎn yígòng yǒu cángshū wǔshí wàncè zuǒyòu.

大学里　有　学生　宿舍，一部分　学生　住在　学生　宿舍里。校园里　还　有
Dàxuéli yǒu xuésheng sùshè, yíbùfen xuésheng zhùzài xuésheng sùshèli. Xiàoyuánli hái yǒu

学生　食堂、教工　食堂　和　小卖部。两　个　校园　离　电车站　都　不太
xuésheng shítáng、jiàogōng shítáng hé xiǎomàibù. Liǎng ge xiàoyuán lí diànchēzhàn dōu bútài

远，下　了　电车　走　七、八　分钟　就　能　到。
yuǎn, xià le diànchē zǒu qī、bā fēnzhōng jiù néng dào.

置き換えて言おう

1. A：校园 漂亮不漂亮? Xiàoyuán piàoliang bu piàoliang?
   B：很漂亮，特别是春天樱花盛开的时候。

   Hěn piàoliang, tèbié shì chūntiān yīnghuā shèngkāi de shíhou.

   ① A：中文 难不难
      Zhōngwén nánbunán
      B：难 发音
      nán fāyīn

   ② A：电子词典 贵不贵
      diànzǐcídiǎn guìbuguì
      B：贵 佳能牌的
      guì Jiānéngpáide

   ③ A：上网的时间 长不长
      shàngwǎngdeshíjiān chángbucháng
      B：长 休息天
      cháng xiūxitiān

樱花 yīnghuā 桜
盛开 shèngkāi
 満開である
佳能 Jiānéng
 キャノン(社名)
牌 pái マーク

2. A：教工食堂的饭怎么样? Jiàogōng shítáng de fàn zěnmeyàng?
   B：很好吃，但很贵。 Hěn hǎochī, dàn hěn guì.

   ① A：王老师 中文课
      Wánglǎoshī Zhōngwénkè
      B：有意思 作业很多
      yǒuyìsi zuòyèhěnduō

   ② A：这次考试 题目
      zhècìkǎoshì tímù
      B：容易 量很多
      róngyi liànghěnduō

   ③ A：N E C 电脑
      NEC diànnǎo
      B：好 不便宜
      hǎo bùpiányi

但 dàn しかし
题目 tímù
 (試験・練習の)問題

3. A：你对什么感兴趣? Nǐ duì shénme gǎn xìngqù?
   B：我对中国茶感兴趣，所以选修了中国文化课。

   Wǒ duì zhōngguóchá gǎn xìngqù, suǒyǐ xuǎnxiū le Zhōngguó wénhuàkè.

   ① B：草裙舞 参加 草裙舞小组
      cǎoqúnwǔ cānjiā cǎoqúnwǔxiǎozǔ

   ② B：印度的瑜伽 参加 瑜伽小组
      Yìndùdeyújiā cānjiā yújiāxiǎozǔ

   ③ B：中国汉族的风俗习惯 买 很多这方面的书
      ZhōngguóHànzúdefēngsúxíguàn mǎi hěnduōzhèfāngmiàndeshū

选修 xuǎnxiū
 選択して履修する
草裙舞 cǎoqúnwǔ
 フラダンス
瑜伽 yújiā ヨガ

会 話

🔊 12

<table>
<tr><td rowspan="5">単語</td><td>学制　xuézhì：修業年限</td><td>觉得　juéde：…と思う</td></tr>
<tr><td>研究生　yánjiūshēng：大学院生</td><td>不够　búgòu：足りない</td></tr>
<tr><td>硕士课程　shuòshìkèchéng：修士課程</td><td>拿　ná：（単位を）取得する</td></tr>
<tr><td>还是　háishi：それとも</td><td>学分　xuéfēn：単位</td></tr>
<tr><td>紧张　jǐnzhāng：（勉強・仕事などが）忙しい</td><td>门　mén：（助数詞）科目などに用いる</td></tr>
</table>

谈学习　Tán xuéxí

🔊 13

A：日本 大学 的 学制 是 几 年?
　　Rìběn dàxué de xuézhì shì jǐ nián?

B：大学 的 医学 专业 是 六 年，其他 专业 一般 是 四 年。研究生 的
　　Dàxué de yīxué zhuānyè shì liù nián, qítā zhuānyè yìbān shì sì nián. Yánjiūshēng de

　　硕士 课程 是 两 年，博士 课程 是 三 年。
　　shuòshì kèchéng shì liǎng nián, bóshì kèchéng shì sān nián.

A：你 是 大学生 还是 研究生?
　　Nǐ shì dàxuéshēng háishi yánjiūshēng?

B：我 是 大学 二 年级 的 学生。
　　Wǒ shì dàxué èr niánjí de xuésheng.

A：你 学习 什么?
　　Nǐ xuéxí shénme?

B：我 学习 法律。
　　Wǒ xuéxí fǎlǜ.

A：学习 紧张 吗?
　　Xuéxí jǐnzhāng ma?

B：很 紧张，每天 都 觉得 时间 不够。
　　Hěn jǐnzhāng, měitiān dōu juéde shíjiān búgòu.

A：四 年 一共 要 拿 多少 学分?
　　Sì nián yígòng yào ná duōshao xuéfēn?

B：一百 三十二 个 学分。一 门课 一般 是 两 个 学分。
　　Yìbǎi sānshí'èr ge xuéfēn. Yì ménkè yìbān shì liǎng ge xuéfēn.

A：你 的 第二 外语 是 什么?
　　Nǐ de dìèr wàiyǔ shì shénme?

B：我 一、二 年级 都 选修 了 汉语。
　　Wǒ yī、èr niánjí dōu xuǎnxiū le Hànyǔ.

A：汉语 怎么样?
　　Hànyǔ zěnmeyàng?

B：我 觉得 发音 比较 难，其他 还 可以。
　　Wǒ juéde fāyīn bǐjiào nán, qítā hái kěyǐ.

トライ!練習

1. （　）内の語句を用いて、文を書き換えなさい。

① 教室里有三个学生。（二、三十）

② 我打算在桂林住三天。（「概数を表す」几）　　　　　　　　打算 dǎsuan　…するつもりだ

③ 我现在只有一百块钱，买不起。（「概数を表す」多）　　　买不起 mǎibuqǐ　買えない

④ 现在已经来了三十个人。（来）

⑤ 一天一夜没睡，困极了。（因为……，所以……）

一天一夜 yìtiānyíyè　一昼夜／困极了 kùnjíle　非常に眠い

中国豆知識

★主要通貨の中国語の言い方

次の通貨名とそれが使われている国や地域をあててみよう！

❶	日元 rìyuán	通貨名		❷	美元 měiyuán	通貨名
		国　名				国　名

❸	欧元 ōuyuán	通貨名		❹	英镑 yīngbàng	通貨名
		国　名				国　名

❺	港币 gǎngbì	通貨名		❻	卢布 lúbù	通貨名
		地域名				国　名

★中国の電話サービス

何の電話サービスか ⋮⋮ から選んであててみよう！

	番号	サービス内容
無料	110	❼
	119	❽
	120	❾
	122	❿
	176	国内長距離電話の番号問い合わせ（半自動式）
	116	国内長距離電話の番号問い合わせ（係員受け答え式）
有料	114	市内電話の番号問い合わせ
	117	時報

A：消防
B：交通事故の通報
C：警察
D：救急

第4课　家庭、访问
Dì sì kè　Jiātíng、fǎngwèn

1．語気助詞「了」

(1) 文末に用いて、ある事が確かに起きたことを表す。否定は「了」を取って動詞の前に「没（有）」を入れる。

① 我去她家了。　Wǒ qù tā jiā le.

② A：昨天你看奥林匹克运动会的开幕式了吗?
　　　Zóutiān nǐ kàn Àolínpǐkè Yùndònghuì de kāimùshì le ma?

奥林匹克运动会 Àolínpǐkè Yùndònghuì　オリンピック大会

　　B：没（有）看。　Méi (yǒu) kàn.

(2) 文末に用いて、事態に変化が起きたこと、新しい状況が出現したことを表す。また、事態に間もなく変化が起きる時にも用いるが、その時には前によく「快、要」などの言葉を置く。

① 铃木是公司职员了。　Língmù shì gōngsīzhíyuán le.

② 我会做饺子了。　Wǒ huì zuò jiǎozi le.

③ 天气热了。　Tiānqì rè le.

④ 快十二点半了，我们去吃午饭吧。　Kuài shí'èr diǎnbàn le, wǒmen qù chī wǔfàn ba.

2．状態補語

動詞・形容詞の後に置かれ、述語の状態・状況・結果などを表す。動詞・形容詞と状態補語の間に構造助詞「得」を加え、「動詞・形容詞＋得＋状態補語」の語順になる。

① 他走得很快。　Tā zǒu de hěn kuài.

② 他走路走得很快。　Tā zǒu lù zǒu de hěn kuài.

③ 教室里热得受不了。　Jiàoshìli rè de shòubuliǎo.

受不了 shòubuliǎo　耐えられない

家庭・訪問

本　文

🔊 14

<table>
<tr><td rowspan="8">単語</td><td>下面　xiàmian：これから</td><td>生意　shēngyi：商売</td></tr>
<tr><td>个体户　gètǐhù：個人経営者</td><td>兴隆　xīnglóng：繁盛する</td></tr>
<tr><td>经营　jīngyíng：営む</td><td>由　yóu：</td></tr>
<tr><td>家　jiā：（助数詞）店などに用いる</td><td>　…によって、…が…する、…から</td></tr>
<tr><td>便利店　biànlìdiàn：コンビニ</td><td>做饭　zuòfàn：食事を作る</td></tr>
<tr><td>一早　yìzǎo：朝早く</td><td>家务事　jiāwùshì：家事</td></tr>
<tr><td>才　cái：やっと</td><td>分担　fēndān：分担する</td></tr>
<tr><td>礼品　lǐpǐn：土産物、贈り物</td><td></td></tr>
</table>

我的家庭　Wǒdejiātíng

🔊 15

下面　我　介绍　一下儿　我　的　家庭。我　家　在　东京都　台东区，离
Xiàmian wǒ jièshào yíxiàr wǒ de jiātíng. Wǒ jiā zài DōngjīngDū TáidōngQū, lí

著名　的　浅草寺　很　近。我　家　有　五　口　人：奶奶、爸爸、妈妈、妹妹
zhùmíng de Qiǎncǎosì hěn jìn. Wǒ jiā yǒu wǔ kǒu rén: nǎinai, bàba, māma, mèimei

和　我。奶奶　已经　七十　岁　了。爸爸　和　妈妈　都　是　个体户。爸爸
hé wǒ. Nǎinai yǐjīng qīshí suì le. Bàba hé māma dōu shì gètǐhù. Bàba

经营　一　家　便利店，工作　非常　忙，每天　一早　就　出门，很　晚　才　回
jīngyíng yì jiā biànlìdiàn, gōngzuò fēicháng máng, měitiān yìzǎo jiù chūmén, hěn wǎn cái huí

家。妈妈　在　浅草寺　的　附近　经营　一　家　礼品店，每天　来　浅草寺
jiā. Māma zài Qiǎncǎosì de fùjìn jīngyíng yì jiā lǐpǐndiàn, měitiān lái Qiǎncǎosì

参观　的　国内外　游客　很　多，所以　礼品店　的　生意　很　兴隆。
cānguān de guónèiwài yóukè hěn duō, suǒyǐ lǐpǐndiàn de shēngyi hěn xīnglóng.

妹妹　今年　十七　岁，是　高中　二　年级　的　学生。她　参加　了　学校
Mèimei jīnnián shíqī suì, shì gāozhōng èr niánjí de xuésheng. Tā cānjiā le xuéxiào

的　吹奏乐团，每天　下课　以后，要　去　练习　两　个　小时　左右。我
de chuīzòuyuètuán, měitiān xiàkè yǐhòu, yào qù liànxí liǎng ge xiǎoshí zuǒyòu. Wǒ

今年　二十　岁，是　大学　二　年级　的　学生。我　家　由　奶奶　做　饭，
jīnnián èrshí suì, shì dàxué èr niánjí de xuésheng. Wǒ jiā yóu nǎinai zuò fàn,

其他　家务事　由　大家　分担。
qítā jiāwùshì yóu dàjiā fēndān.

1. A：你今年多大了？　Nǐ jīnnián duōdà le?
   B：我今年二十岁了。　Wǒ jīnnián èrshí suì le.

   ① A：他爸爸　多大岁数　　B：他爸爸　四十九
   　　　tābàba　duōdàsuìshu　　　tābàba　sìshíjiǔ

   ② A：您　多大年纪　　B：我　七十二
   　　　nín　duōdàniánjì　　wǒ　qīshí'èr

   ③ A：你孩子　几岁　　B：他　七
   　　　nǐháizi　jǐsuì　　　tā　qī

孩子 háizi 子供

2. A：你爸爸做什么工作？　Nǐ bàba zuò shénme gōngzuò?
   B：他是公司职员。　Tā shì gōngsīzhíyuán.

   ① A：你妈妈　　B：她　家庭妇女
   　　　nǐmāma　　　tā　jiātíngfùnǚ

   ② A：你爷爷　　B：他　退休工人
   　　　nǐyéye　　　tā　tuìxiūgōngrén

   ③ A：他爸爸　　B：他爸爸　公司总经理
   　　　tābàba　　　tābàba　gōngsīzǒngjīnglǐ

退休 tuìxiū 定年退職
总经理 zǒngjīnglǐ 社長

3. A：你住在哪个饭店？　Nǐ zhùzài nǎ ge fàndiàn?
   B：我住在新大谷饭店。　Wǒ zhùzài Xīndàgǔ Fàndiàn.
   A：明天晚上七点钟去拜访你。
   　　Míngtiān wǎnshang qī diǎnzhōng qù bàifǎng nǐ.
   B：好的，我等着你。　Hǎode, wǒ děng zhe nǐ.

   ① A：等　哪儿　　B：等　新宿的西检票口
   　　　děng　nǎr　　　děng　Xīnsùdexījiǎnpiàokǒu

   　A：下午一点　找
   　　　xiàwǔyìdiǎn　zhǎo

   ② A：站　哪里　　B：站　明治神宫的入口处
   　　　zhàn　nǎli　　　zhàn　Míngzhìshéngōngderùkǒuchù

   　A：下了电车　找
   　　　xiàlediànchē　zhǎo

   ③ A：住　哪个医院　　B：住　昭和大学附属医院
   　　　zhù　nǎgeyīyuàn　　　zhù　ZhāohéDàxuéfùshǔyīyuàn

   　A：今天下了班　看
   　　　jīntiānxiàlebān　kàn

新大谷饭店
　XīndàgǔFàndiàn
　ホテルニューオータニ
拜访 bàifǎng
　お伺いします
检票口 jiǎnpiàokǒu
　改札口
找 zhǎo 搜す
入口处 rùkǒuchù 入口
下班 xiàbān 退勤する
看 kàn 見舞う

会 話

🔊 16

単語	哪位　năwèi：どちら様	商量　shāngliang：相談する
	销售　xiāoshòu：販売する	接　jiē：迎える
	名片儿　míngpiànr：名刺	饭店大厅　fàndiàndàtīng：ホテルのロビー
	睡得好　shuìdehǎo：よく眠る	麻烦　máfan：手数をかける、面倒である
	睡得很香　shuìdehěnxiāng：ぐっすり眠る	不客气　búkèqi：どういたしまして

去饭店拜访客人　Qù fàndiàn bàifǎng kèren

（電話で）

🔊 17

A：喂，您 是 西安 空调器 公司 的 王 明 先生 吗?
　　Wèi, nín shì Xī'ān kōngtiáoqì Gōngsī de Wáng Míng xiānsheng ma?

B：对。您 是 哪 位?
　　Duì. Nín shì nǎ wèi?

A：我 是 松下 冷机 公司 的 翻译 田中 良子。明天 晚上 七 点半 我们
　　Wǒ shì Sōngxià lěngjī Gōngsī de fānyì Tiánzhōng Liángzǐ. Míngtiān wǎnshang qī diǎnbàn wǒmen

　　公司 的 销售 部长 想 去 饭店 拜访 您，有 时间 吗?
　　gōngsī de xiāoshòu bùzhǎng xiǎng qù fàndiàn bàifǎng nín, yǒu shíjiān ma?

B：明天 晚上 七 点 以后 有 时间，我 在 房间 等 你们。
　　Míngtiān wǎnshang qī diǎn yǐhòu yǒu shíjiān, wǒ zài fángjiān děng nǐmen.

A：好 的，明晚 见!
　　Hǎo de, míngwǎn jiàn!

B：再见!
　　Zàijiàn!

（ホテルの部屋で）

A：您 好! 我 介绍 一下儿，这 位 是 西安 空调器 公司 的 王 明 先生。
　　Nín hǎo! Wǒ jièshào yíxiàr, zhè wèi shì Xī'ān Kōngtiáoqì gōngsī de Wáng Míng xiānsheng.

　　他 是 我们 公司 的 销售 部长 铃木 博正。
　　Tā shì wǒmen gōngsī de xiāoshòu bùzhǎng Língmù Bózhèng.

C：欢迎 您 来 日本。这 是 我 的 名片儿，请 多 关照。
　　Huānyíng nín lái Rìběn. Zhè shì wǒ de míngpiànr, qǐng duō guānzhào.

B：我 也 请 您 多 关照。请坐。
　　Wǒ yě qǐng nín duō guānzhào. Qǐngzuò.

C：昨晚 睡得 好 吗?
　　Zuówǎn shuìde hǎo ma?

B：睡 得 很 香。
　　Shuì de hěn xiāng.

C：下面　想　跟　您　商量　一下儿　工作。
　　　Xiàmian xiǎng gēn　nín shāngliang　yíxiàr　　gōngzuò.

B：好的。
　　　Hǎode.

（仕事の相談が終わって）

A：明天　早上　八点，我们　公司　的　车　来　饭店　接　您，请　您　等在　饭店
　　　Míngtiānzǎoshang bādiǎn,　wǒmen　gōngsī　de　chē　lái　fàndiàn　jiē　nín,　qǐng　nín　děngzài fàndiàn

　　大厅。
　　　dàtīng.

B：麻烦你们了。
　　　Máfannǐmenle.

A：不客气。
　　　Búkèqi.

トライ!練習

1．例にならって文を書き換えなさい。

　例：他写得很快。→他写字写得很快。
　　　　　　　　　　　他写字写得不快。

① 他吃得很快。

② 小李看得很慢。

③ 铃木骑得很好。

④ 她们买得很多。

⑤ 昨天唱得很高兴。

中国豆知識

★四大料理

:::::: から四大料理にあてはまるメニューを書いてみよう！

❶	❷	❸	❹
北京菜 běijīngcài （北京料理）	淮扬菜 huáiyángcài （江蘇料理）	四川菜 sìchuāncài （四川料理）	广东菜 guǎngdōngcài （広東料理）

A：麻婆豆腐 mápódòufu
　（マーボー豆腐）
　回锅肉 huíguōròu
　（ホイゴーロー）
B：古老肉 gǔlǎoròu
　（酢豚）
　烤乳猪 kǎorǔzhū
　（子豚の丸焼き）
C：北京烤鸭 běijīngkǎoyā
　（北京ダック）
　涮羊肉 shuànyángròu
　（羊肉のシャブシャブ）
D：镇江肴肉
　zhènjiāngyáoròu
　（鎮江の塩漬け豚肉）
　蟹粉狮子头
　xièfěnshīzitóu
　（蟹入り肉団子
　の煮込み）

★餃子の種類

次の特徴にあてはまる餃子を :::::: から選んで書いてみよう！

❶	❷	❸	❹
蒸したもの （蒸し餃子）	（フライパンなどで）焼いたもの （焼き餃子）	ゆでたもの （水餃子）	揚げたもの （揚げ餃子）

A：炸饺 zhájiǎo
B：蒸饺 zhēngjiǎo
C：锅贴儿 guōtiēr
D：水饺 shuǐjiǎo

第5课　手机短信、电子邮件
Dì wǔ kè　　Shǒujīduǎnxìn、 diànzǐyóujiàn

文法ポイント

1．疑問詞の不定用法

疑問詞は疑問の意味を表すほかに、特定の文では不定の意味を表すことができる。

① 谁还在教室里?　　Shéi hái zài jiàoshìli?

（誰がまだ教室にいますか。「谁」は疑問を表す。）

② 谁还在教室里。　　Shéi hái zài jiàoshìli.

（誰かまだ教室にいます。「谁」は不定の意味を表す。）

③ 你喝什么?　　Nǐ hē shénme?

（あなたは何を飲みますか？）

④ 你想喝什么吗?　　Nǐ xiǎng hē shénme ma?

（あなたは何か飲みたいですか。）

2．可能補語

　動詞の後ろに用いて、動作の結果などの達成ができるかどうかを表す。肯定は「動詞+得＋可能補語」、否定は「動詞＋不+可能補語」の語順になる。

① 这些工作你一个小时做得完吗?　　Zhèxiē gōngzuò nǐ yí ge xiǎoshí zuò de wán ma?

这些 zhèxiē　これら

② 黑板上的字看不清楚。　　Hēibǎnshang de zì kàn bu qīngchu.　　清楚 qīngchu　はっきりしている

3．結果補語

　動詞の後ろに用いて、動作の結果を表す。

① 对不起，我打错了。　　Duìbuqǐ, wǒ dǎcuò le.

② 他说的中文你听懂了吗?　　Tā shuō de Zhōngwén nǐ tīngdǒng le ma?

本文

🔊 18

英雄　yīngxióng：ヒーロー	不见不散　bújiànbúsàn：会うまで待つ
新宿广场　Xīnsùguǎngchǎng：	航班号　hángbānhào：フライト・ナンバー
（映画館名）新宿プラザ	到达大厅　dàodádàtīng：到着ロビー
售票处　shòupiàochù：切符売場	找不到　zhǎobudào：見付からない
正好　zhènghǎo：ちょうど	号码　hàomǎ：番号
没事　méishì：用がない	大概　dàgài：多分
准时　zhǔnshí：時間どおり	出来　chūlai：出てくる

手机短信　Shǒujī duǎnxin

中国語での携帯メールの書き方：
　もし日頃よく連絡を取ったり、よく知っている人にメールを送るならば、一般的にはメールの最初に受信者の名前を書く必要はないが、最後には送信者の名前を書く必要がある。また、もし日頃あまり連絡を取らない人や、よく知らない人、あるいは自分の上司やお客に宛てて送るならば、最初と最後には受信者と送信者の名前を書かなければならない。さらに、携帯メールには送信日を入れる必要はない。

例1（誘う）

🔊 19

明天　想　和　你　一起　去　看　中国　电影《英雄》。十　点半　我　在
Míngtiān xiǎng hé nǐ yìqǐ qù kàn Zhōngguódiànyǐng«Yīngxióng». Shí diǎnbàn wǒ zài

新宿　的 "新宿广场"　电影院　售票处　等　你。　　　　　铃木　博
Xīnsù de "Xīnsùguǎngchǎng" Diànyǐngyuàn shòupiàochù děng nǐ.　　Língmù Bó

（返事）

好的，明天　正好　没　事。十　点半　一定　到。　　　　　李　丽
Hǎode, míngtiān zhènghǎo méi shì. Shí diǎnbàn yídìng dào.　　Lǐ Lì

例2（誘う）

王　先生：
Wáng xiānsheng:

明天　想　带　你　去　箱根　玩。早上　七　点　我　在　小田急线　新宿
Míngtiān xiǎng dài nǐ qù Xiānggēn wán. Zǎoshang qī diǎn wǒ zài xiǎotiánjíxiàn Xīnsù

站　的　南检票口　等　你。　　　　　　　　田中　良子
Zhàn de nánjiǎnpiàokǒu děng nǐ.　　　　Tiánzhōng Liángzǐ

（返事）

田中　小姐：
Tiánzhōng xiǎojie:

太　好了！来　东京　后　还　没　去过　什么　地方，明天　早上　七　点
Tài hǎole! Lái Dōngjīng hòu hái méi qùguo shénme dìfang, míngtiān zǎoshang qī diǎn

一定　准时　到，不见不散。　　　　　王　明
yídìng zhǔnshí dào, bújiànbúsàn.　　　　Wáng Míng

パソコンでのメールの書き方：
　パソコンで電子メールを送るには、一般的に受信者と送信者の名前を書く
必要はあるが、送信日を書く必要はない。必要であれば、また段落を分けて
書かなければならない。

例1（発信）

🔊 20

王　明　先生：
Wáng Míng xiānsheng:

您　明天　来　日本　的　航班号　我　知道　了。我　在　成田　国际机场
Nín míngtiān lái Rìběn de hángbānhào wǒ zhīdao le. Wǒ zài Chéngtián Guójìjīchǎng

到达　大厅　的　乘客　出口处　等　您。如　找　不　到，请　打　我　的　手机。
dàodá dàtīng de chéngkè chūkǒuchù děng nín. Rú zhǎo bu dào, qǐng dǎ wǒ de shǒujī.

手机　号码　是：　090（2483）8892。　　　　　　　田中　良子
Shǒujī hàomǎ shì: língjiǔlíng (èrsìbāsān) bābājiǔèr.　　　Tiánzhōng Liángzǐ

（返事）

田中　小姐：
Tiánzhōng xiǎojie:

谢谢　您　来　机场　接　我。我　大概　十五点　左右　可以　出来。
Xièxie nín lái jīchǎng jiē wǒ. Wǒ dàgài shíwǔdiǎn zuǒyòu kěyǐ chūlai.

王　明
Wáng Míng

置き換えて言おう

1. A：这台 电脑很贵，你买得起吗?

   Zhè tái diànnǎo hěn guì, nǐ mǎi de qǐ ma?

   B：没问题，昨天我拿了奖金。

   Méi wèntí, zuótiān wǒ ná le jiǎngjīn.

电脑 diànnǎo パソコン
拿 ná もらう、持つ
奖金 jiǎngjīn ボーナス
胃口 wèikǒu 食欲
旅行箱 lǚxíngxiāng
　旅行用トランク
滑轮 huálún キャスター

① A：<u>本</u> <u>小说</u> <u>长</u> <u>看得完</u>　　B：<u>明天我休息</u>
　　　běn xiǎoshuō cháng kàndewán　　　　míngtiānwǒxiūxi

② A：<u>个</u> <u>菜量</u> <u>多</u> <u>吃得完</u>　　B：<u>最近我的胃口很好</u>
　　　ge càiliàng duō chīdewán　　　　zuìjìnwǒdewèikǒuhěnhǎo

③ A：<u>个</u> <u>旅行箱</u> <u>重</u> <u>拿得动</u>　　B：<u>旅行箱下面有滑轮</u>
　　　ge lǚxíngxiāng zhòng nádedòng　　lǚxíngxiāngxiàmianyǒuhuálún

2. A：他说的中文你听懂了吗?

   Tā shuō de Zhōngwén nǐ tīngdǒng le ma?

   B：没听懂。　　　Méi tīngdǒng.

布置作业 bùzhìzuòyè
　宿題を出す
记 jì 覚える

① A：<u>老师布置作业</u> <u>做好</u>　　B：<u>做好</u>
　　　lǎoshībùzhì zuòyè zuòhǎo　　　zuòhǎo

② A：<u>铃木教方法</u> <u>记住</u>　　B：<u>记住</u>
　　　Língmùjiāo fāngfǎ jìzhù　　　jìzhù

③ A：<u>妈妈做菜</u> <u>吃完</u>　　B：<u>吃完</u>
　　　māmazuò cài chīwán　　　chīwán

3. A：你会用电脑 发电子邮件吗?

   Nǐ huì yòng diànnǎo fā diànzǐ yóujiàn ma?

   B：还不会，正在学呢。　　Hái bú huì, zhèngzài xué ne.

传真 chuánzhēn
　ファックス
发言 fāyán 発言する

① A：<u>手机</u> <u>发短信</u>
　　　shǒujī fāduǎnxìn

② A：<u>传真机</u> <u>发传真</u>
　　　chuánzhēnjī fāchuánzhēn

③ A：<u>中文</u> <u>发言</u>
　　　Zhōngwén fāyán

会　話

🔊 21

単語	达到　dádào：…に達する 镇　zhèn：市 用户　yònghù：お客様	户　hù：（助数詞）電話・ガス・水道など を使用する世帯に用いる

谈中国电脑和手机的情况　Tán Zhōngguó diànnǎo hé shǒujī de qíngkuàng

🔊 22

A：小 李，中国 城市 家庭 的 电脑 普及率 你 知道 吗?
　　Xiǎo Lǐ, Zhōngguó chéngshì jiātíng de diànnǎo pǔjílù nǐ zhīdao ma?

B：北京、上海、天津、重庆 四 个 大城市 的 普及率 已经 达到 40.6％
　　Běijīng、Shànghǎi、Tiānjīn、Chóngqìng sì ge dàchéngshì de pǔjílù yǐjīng dádào bǎifēnzhī sìshídiǎnliù
　　（2008年）。 全国 城镇 的 平均 普及率 还 只有 10％。
　　(èrlínglíngbānián). Quánguó chéngzhèn de píngjūn pǔjílù hái zhǐyǒu bǎifēnzhī shí.

A：中国 的 大学生 在 学习中 也 常 用 电脑 吗?
　　Zhōngguó de dàxuéshēng zài xuéxízhōng yě cháng yòng diànnǎo ma?

B：对，他们 常 用 电脑 上网 查 资料、看 新闻 等。
　　Duì, tāmen cháng yòng diànnǎo shàngwǎng chá zīliào、kàn xīnwén děng.

A：手机 的 情况 怎么样?
　　Shǒujī de qíngkuàng zěnmeyàng?

B：中国 现在 是 世界上 手机 用户 最 多 的 国家。明年 （2010年）
　　Zhōngguó xiànzài shì shìjièshang shǒujī yònghù zuì duō de guójiā. Míngnián (èrlíngyīlíng nián)
　　手机 用户 将 达到 6.82 亿户。
　　shǒujī yònghù jiāng dádào liùdiǎnbā’èr yìhù.

A：谢谢。
　　Xièxiè.

B：不谢。
　　Búxiè.

トライ!練習

1．次の語を意味の通る文に並びかえてから、日本語に訳しなさい。

① 玩儿玩儿 去 想 哪儿 星期天。

② 看 几 学生 在 个 教室里 书。

③ 多 单词 新 太，怎么 我 记不住 也。

④ 住 五年 了 铃木 上海 在，上海话 听得懂 她。

⑤ 吃 了 已经 饱 我。的 你 谢谢 招待。

招待 zhāodài　もてなす

クイズで覚える
中国豆知識

★中国茶

中国茶の代表的なものは6種類に分けられる。 ┈┈┈からあてはまるものを選んで書いてみよう！

> A：绿茶 lǜchá（緑茶）
> B：红茶 hóngchá（紅茶）
> C：黑茶 hēichá（黒茶）
> D：白茶 báichá（白茶）
> E：青茶 qīngchá、乌龙茶 wūlóngchá（青茶、烏龍茶）
> F：黄茶 huángchá（黄茶）

❶	龙井 lóngjǐng、碧螺春 bìluóchūn 茶葉が緑色。	
❷	祁红 qíhóng、滇红 diānhóng 世界三大飲物の一つ。	
❸	君山银针 jūnshānyínzhēn、蒙顶黄芽 méngdǐnghuángyá 特徴は黄色い茶葉に黄色い茶。	
❹	普洱茶 pǔ'ěrchá、湖南黑茶 húnánhēichá ダイエット効用があると言われている。茶葉は黒褐色。	
❺	银针 yínzhēn、白牡丹 báimǔdān 茶葉の表面に細かい毛が生え、白色をしている。	
❻	武夷岩茶 wǔyíyánchá、铁观音 tiěguānyīn 主産地は福建省。	

解答 ①A ②B ③F ④C ⑤D ⑥E

第6课　观光、日程安排

Dì liù kè　Guānguāng、　rìchéngānpái

1．除了……

除外を表す。先行文節に用い、後続文節に呼応してよく「还、也、都、全」などを用いる。

① 除了网球，我还喜欢打乒乓球。　　Chúle wǎngqiú, wǒ hái xǐhuan dǎ pīngpāngqiú.
（…ほかに、また…）
网球 wǎngqiú　テニス

② 除了小李，我们也去。　　Chúle xiǎo Lǐ, wǒmen yě qù.
（…加えて、…も）

③ 除了小李，我们都去。　　Chúle xiǎo Lǐ, wǒmen dōu qù.
（…を除いて、…みんな）

④ 除了《泰坦尼克》，我其他的美国电影全看了。
Chúle «Tàitǎníkè», wǒ qítā de měiguó diànyǐng quán kàn le.
（…を除いて、…全部）
泰坦尼克 Tàitǎníkè　（映画名）タイタニック

2．不但……，而且……

「…だけでなく、…もまた」という意味を表す。

① 这件毛衣不但便宜，而且质量也好。　　Zhè jiàn máoyī búdàn piányi, érqiě zhìliàng yě hǎo.
毛衣 máoyī　セーター

② 田中良子不但汉语说得很好，而且中文的文章也写得很好。
Tiánzhōng Liángzǐ búdàn Hànyǔ shuō de hěn hǎo, érqiě Zhōngwén de wénzhāng yě xiě de hěn hǎo.

本　文

🔊 23

<table>
<tr><td>単語</td><td>面向　miànxiàng：…向け
体验　tǐyàn：体験する
气氛　qìfēn：雰囲気
赏樱之地　shǎngyīngzhīdì：桜を鑑賞する場所</td><td>胜地　shèngdì：名勝地
活火山　huóhuǒshān：活火山
联合国　Liánhéguó：国連
指定为　zhǐdìngwéi：…に指定する</td></tr>
</table>

东京和它的周围　Dōngjīng hé tā de zhōuwéi

🔊 24

东京　有　四　大　商业区：银座、新宿、池袋、涩谷。银座　是　比较
Dōngjīng yǒu sì dà shāngyèqū: Yínzuò、Xīnsù、Chídài、Sègǔ. Yínzuò shì bǐjiào

高级　的　商业区；新宿　和　池袋　是　一般　商业区；涩谷　是　面向
gāojí de shāngyèqū; Xīnsù hé Chídài shì yìbān shāngyèqū; Sègǔ shì miànxiàng

年青人　的　商业区。东京　中心　地区　有名　的　地方　有　浅草、秋叶原、
niánqīngrén de shāngyèqū. Dōngjīng zhōngxīn dìqū yǒumíng de dìfang yǒu Qiáncǎo、Qiūyèyuán、

上野　公园。浅草寺　的　周围　是　有名　的　大众　娱乐区，到
Shàngyě Gōngyuán. Qiáncǎosì de zhōuwéi shì yǒumíng de dàzhòng yúlèqū, dào

那里　可以　体验到　以前　东京　的　气氛。秋叶原　是　日本　著名　的
nàlǐ kěyǐ tǐyàndào yǐqián Dōngjīng de qìfēn. Qiūyèyuán shì Rìběn zhùmíng de

电器　商业街。上野　公园　是　东京　有名　的　赏樱　之　地。
diànqì shāngyèjiē. Shàngyě Gōngyuán shì Dōngjīng yǒumíng de shǎngyīng zhī dì.

东京　周围　的　观光　胜地　有　富士山、箱根、日光、镰仓。富士山
Dōngjīng zhōuwéi de guānguāng shèngdì yǒu Fùshìshān、Xiānggēn、Rìguāng、Liáncāng. Fùshìshān

是　一　座　活火山，高　3,776　米，是　日本　最高　的　山。箱根　是
shì yí zuò huóhuǒshān, gāo sānqiānqībǎiqīshíliù mǐ, shì Rìběn zuìgāo de shān. Xiānggēn shì

有名　的　观光　胜地　和　温泉　疗养地。日光　有　著名　的　东照宫、
yǒumíng de guānguāng shèngdì hé wēnquán liáoyǎngdì. Rìguāng yǒu zhùmíng de Dōngzhàogōng、

二荒山　神社　和　轮王寺。这　两　个　神社　和　一　个　寺院　一九九九　年
Èrhuāngshān shénshè hé Lúnwángsì. Zhè liǎng ge shénshè hé yí ge sìyuàn yījiǔjiǔjiǔ nián

十二　月　被　联合国　指定为　世界　文化　遗产。
shí'èr yuè bèi Liánhéguó zhǐdìngwéi shìjiè wénhuà yíchǎn.

镰仓　地区　不但　风景　秀丽，而且　还　有　很　多　神社、寺院。
Liáncāng dìqū búdàn fēngjǐng xiùlì, érqiě hái yǒu hěn duō shénshè、sìyuàn.

高德院里　有　著名　的　镰仓大佛，它　高　12.38　米，重　121　吨。
Gāodéyuànli yǒu zhùmíng de liáncāngdàfó, tā gāo shí'èrdiǎnsānbā mǐ, zhòng yìbǎi'èrshíyī dūn.

置き換えて言おう

1. A：今天我们先去看看<u>浅草寺</u>，然后去<u>秋叶原</u>怎么样？
  Jīntiān wǒmen xiān qù kànkan Qiáncǎosì, ránhòu qù Qiūyèyuán zěnmeyàng?

  B：好啊，就这么办。　　Hǎo a, jiù zhème bàn.

① A：<u>逛逛</u>　<u>新宿</u>　<u>看电影</u>
  guàngguang Xīnsù kàndiànyǐng

② A：<u>登</u>　<u>东京塔</u>　<u>帝国饭店吃自助餐</u>
  dēng dōngjīngtǎ DìguóFàndiànchī zìzhùcān

③ A：<u>看看</u>　<u>江之岛</u>　<u>镰仓看大佛</u>
  kànkan Jiāngzhīdǎo Liáncāngkàndàfó

这么办 zhèmebàn
　このようにする
逛 guàng　ぶらつく
登 dēng　登る
自助餐 zìzhùcān
　バイキング料理

2. A：除了<u>中国菜</u>，你还喜欢吃什么<u>菜</u>？
  Chúle zhōngguócài, nǐ hái xǐhuan chī shénme cài?

  B：我还喜欢<u>吃</u>意大利<u>菜</u>。　　Wǒ hái xǐhuan chī yìdàlìcài.

① A：<u>啤酒</u>　<u>喝</u>　<u>酒</u>　　B：<u>喝</u>　<u>威士忌</u>
  píjiǔ hē jiǔ　　hē wēishìjì

② A：<u>华尔兹</u>　<u>跳</u>　<u>舞</u>　　B：<u>跳</u>　<u>探戈</u>
  huá'ěrzī tiào wǔ　　tiào tàngē

③ A：<u>吉它</u>　<u>弹</u>　<u>琴</u>　　B：<u>弹</u>　<u>钢琴</u>
  jítā tán qín　　tán gāngqín

威士忌 wēishìjì
　ウイスキー
华尔兹 huá'ěrzī　ワルツ
探戈 tàngē　タンゴ
吉它 jítā　ギター

3. A：<u>黄金周</u>我打算去<u>"草津温泉"泡温泉</u>。你呢？
  Huángjīnzhōu wǒ dǎsuan qù "Cǎojīn Wēnquán" pào wēnquán. Nǐ ne?

  B：我想去<u>参加志愿者活动</u>。
  Wǒ xiǎng qù cānjiā zhìyuànzhě huódòng.

① A：<u>三天连休</u>　<u>北海道拍风景照</u>
  sāntiānliánxiū Běihǎidàopāifēngjǐngzhào

  B：<u>农村体验一下儿农业劳动</u>
  nóngcūntǐyànyíxiàrnóngyèláodòng

② A：<u>寒假</u>　<u>冲绳旅行</u>
  hánjià Chōngshénglǚxíng

  B：<u>看望奈良的爷爷、奶奶</u>
  kànwàngNàiliángdeyéye、nǎinai

③ A：<u>暑假</u>　<u>打工赚学费</u>　B：<u>中国短期留学</u>
  shǔjià dǎgōngzhuànxuéfèi　Zhōngguóduǎnqīliúxué

黄金周 huángjīnzhōu
　ゴールデンウィーク
泡 pào
　温泉にやや長く入る
志愿者 zhìyuànzhě
　ボランティア
农业劳动 nóngyèláodòng
　野良仕事
看望 kànwàng　見舞う
赚 zhuàn　稼ぐ

会 話

25

単語	日程安排　rìchéngānpái：スケジュール
	商谈　shāngtán：打ち合わせる
	迪斯尼海　Dísīníhǎi：ディズニーシー

商量日程安排　Shāngliangrìchéngānpái

（ホテルのロビーで）

26

A：李 先生、陈 先生，下面 想 跟 你们 商量 一下儿 你们 在 东京 期间
　　Lǐ xiānsheng, Chén xiānsheng, xiàmian xiǎng gēn nǐmen shāngliang yíxiàr nǐmen zài Dōngjīng qījiān
　　的 日程 安排。
　　de rìchéng ānpái.

B：好 的。去 我们 的 房间 商量 吧。
　　Hǎo de. Qù wǒmen de fángjiān shāngliang ba.

（李・陳の部屋で）

A：今天（星期 二）晚上 七 点半 有 一 个 简单 的 欢迎 宴会，请 你们
　　Jīntiān (xīngqī èr) wǎnshang qī diǎnbàn yǒu yí ge jiǎndān de huānyíng yànhuì, qǐng nǐmen
　　出席。七 点钟 我 来 饭店 接 你们。
　　chūxí. Qī diǎnzhōng wǒ lái fàndiàn jiē nǐmen.

B：谢谢。七 点钟 我们 在 房间 等 你。
　　Xièxie. Qī diǎnzhōng wǒmen zài fángjiān děng nǐ.

A：从 星期 三 到 星期 五 每天 请 来 我们 公司 参观 和 商谈 出口 业务。
　　Cóng xīngqī sān dào xīngqī wǔ měitiān qǐng lái wǒmen gōngsī cānguān hé shāngtán chūkǒu yèwù.

B：每天 几 点钟 去 贵 公司？
　　Měitiān jǐ diǎnzhōng qù guì gōngsī?

A：每天 早上 九 点 请 先 到 我们 公司 的 接待室。
　　Měitiān zǎoshang jiǔ diǎn qǐng xiān dào wǒmen gōngsī de jiēdàishì.

B：知道 了。
　　Zhīdao le.

A：星期 六、天 我们 公司 休息。星期 六 想 带 你们 去 "迪斯尼海" 玩儿；
　　Xīngqī liù、tiān wǒmen gōngsī xiūxi. Xīngqī liù xiǎng dài nǐmen qù "Dísīníhǎi" wánr;
　　星期 天 去 镰仓 看看。
　　xīngqī tiān qù Liáncāng kànkan.

C：太 好 了。早上 几 点 出发？
　　Tài hǎo le. Zǎoshang jǐ diǎn chūfā?

A：出发 时间 前 一 天 晚上 再 告诉 你们。日程 就 这么 安排，有 什么
　　Chūfā shíjiān qián yì tiān wǎnshang zài gàosu nǐmén. Rìchéng jiù zhème ānpái, yǒu shénme

　　要求 吗?
　　yāoqiú ma?

B：C：没有。太 麻烦 你 了。
　　　　Méiyǒu. Tài máfan nǐ le.

A：不客气。
　　Búkèqi.

トライ!練習

1. （ ）の中の言葉を用いて、次の二つの短文を一つに書き換えなさい。

① a 我们去"下吕温泉"。
　　b 我们去"有马温泉"。（先……，然后……）

② a 我会做饺子。
　　b 我会做春卷儿。（除了……，还……）

③ a 李明不去琵琶湖。
　　b 我们去琵琶湖。（除了……，都……

④ a 田中良子会说英语。
　　b 田中良子会说汉语和法语。（不但……，而且……）

⑤ a 据说明天天气很冷。
　　b 据说明天要下大雪。（不但……，而且……）
　　　　据说 jùshuō …そうだ、…よると／要 yào （助動詞）可能性を表す、～しそうだ、～するだろう

中国豆知識

★中国の有名な食べ物

中国の有名な食べ物を ⋮⋮⋮⋮ から選んで書いてみよう！

A：苏州豆腐干 sūzhōudòufugān	D：月饼 yuèbing
B：板鸭 bǎnyā	E：上海大闸蟹 shànghǎidàzháxiè
C：北京蜜饯 běijīngmìjiàn	F：烧鸡 shāojī

❶	北京産の果物砂糖づけ。北京の有名な土産物。	
❷	半乾燥の豆腐に砂糖・甘味噌などの調味料を加えてできた食品、蘇州の名物である。	
❸	月餅（げっぺい）。中秋節に食べる。	
❹	塩づけにしたアヒルを板状に押して乾かしたもの、南京産が有名である。	
❺	鶏の内臓・血などをぬいて丸焼きにしたもの、安徽省符離集産が有名である。	
❻	上海蟹。十一月下旬は食べ頃。	

第7課　留学

文法ポイント

1．是……的

「是……的」には、動作・行為の目的・時間・方法などを強調して説明する使い方がある。

① 我是去美国旅行的。　Wǒ shì qù Měiguó lǚxíng de.
（目的を強調）

② 中文讲座是下午一点半开始的。　Zhōngwén jiǎngzuò shì xiàwǔ yì diǎnbàn kāishǐ de.
（時間を強調）

③ 张华是跑着来的。　Zhāng Huá shì pǎozhe lái de.
（方法を強調）

　　　　　　　　　　　跑着来 pǎozhelái　走ってくる

2．複合方向補語

「上来、下去、进来、出去、回来、过去、起来」などは動詞の後に用いて、動作の方向を表すことができる。

① 老师从教室里走出来了。
Lǎoshī cóng jiàoshìli zǒu chulai le.

② 铃木从书包里拿出来一本《现代家庭》杂志。
Língmù cóng shūbāoli ná chulai yì běn «xiàndàijiātíng» zázhì.

　　　　　　　　　　　杂志 zázhì　雑誌

③ 妈妈买回来一公斤金枪鱼。
Māma mǎi huilai yì gōngjīn jīnqiāngyú.

　　公斤 gōngjīn　キログラム／金枪鱼 jīnqiāngyú　マグロ

3．有的……，有的……

「～する人もいれば、～する人もいる」という意味を表す。

① 下午，有的学生在宿舍里做作业，有的学生在操场上打排球。
Xiàwǔ, yǒude xuésheng zài sùshèlizuò zuòyè, yǒude xuésheng zài cāochǎngshang dǎ páiqiú.

　　　　　　　　　　　操场 cāochǎng　運動場

② 寒假里，有的回老家，有的去外国旅行。
Hánjiàli, yǒude huí lǎojiā, yǒude qù wàiguó lǚxíng.

留学する

本　文

🔊 27

<table>
<tr><td>単語</td><td>分班　fēnbān：クラス分け
根据　gēnjù：…によって
被　bèi：…される、…られる</td><td>分　fēn：配属する
活动　huódòng：イベント</td></tr>
</table>

留学生活　Liúxué shēnghuó

🔊 28

我　是　大学　二　年级　的　学生，第　二　外语　是　汉语。我　利用
Wǒ　shì　dàxué　èr　niánjí　de　xuésheng, dì　èr　wàiyǔ　shì　Hànyǔ. Wǒ　lìyòng

春假　来　上海市　复旦　大学　短期　留学　一　个　月，是　三　月　一　日　到
chūnjià　lái　ShànghǎiShì Fùdàn　Dàxué　duǎnqī　liúxué　yí　ge　yuè, shì　sān　yuè　yī　rì　dào

复旦　大学　的，已经　来　了　一　个　星期　了。到　校　的　第　二　天　就
Fùdàn　Dàxué　de,　yǐjīng　lái　le　yí　ge　xīngqī　le. Dào　xiào　de　dì　èr　tiān　jiù

有　一　个　汉语　的　分班　考试。根据　考试　成绩，我　被　分在　中级班。
yǒu　yí　ge　Hànyǔ　de　fēnbān　kǎoshì. Gēnjù　kǎoshì　chéngjì, wǒ　bèi　fēnzài　zhōngjíbān.

中级班　一共　有　十五　个　学生，都　是　日本人。有的　是　大学生、家庭
Zhōngjíbān yígòng　yǒu　shíwǔ　ge　xuésheng, dōu　shì　Rìběnrén.　Yǒude　shì　dàxuéshēng、jiātíng

主妇，有的　是　退休　的　公司职员。
zhǔfù,　yǒude　shì　tuìxiū　de　gōngsīzhíyuán.

从　星期　一　到　星期　五，每天　上午　上课，下午　可以　听　各种
Cóng　xīngqī　yī　dào　xīngqī　wǔ, měitiān shàngwǔ shàngkè, xiàwǔ　kěyǐ　tīng　gèzhǒng

讲座。讲座　题目　有　中国画、气功、太极拳、中国料理　等等。星期　六、
jiǎngzuò. Jiǎngzuò　tímù　yǒu zhōngguóhuà、qìgōng、tàijíquán、zhōngguóliàolǐ děngdeng. Xīngqī　liù、

天　休息。学生们　可以　自由　活动，也　可以　参加　学校　安排　的　活动，
tiān　xiūxi. Xuéshengmen kěyǐ　zìyóu huódòng, yě　kěyǐ　cānjiā　xuéxiào ānpái　de　huódòng,

参观　上海　的　工厂、农村、名胜，访问　中国人　的　家庭　等等。
cānguān Shànghǎi　de gōngchǎng、nóngcūn、míngshèng, fǎngwèn Zhōngguórén de　jiātíng děngdeng.

1. A：他去日本干什么？　　Tā qù Rìběn gàn shénme?
   B：去留学。　　Qù liúxué.

① A：铃木良子　中国　　B：出差
   　 LíngmùLiángzǐ Zhōngguó　　chūchāi

② A：李明　美国　　B：工作
   　 LǐMíng Měiguó　　gōngzuò

③ A：张华　新加坡　　B：进修
   　 ZhāngHuá Xīnjiāpō　　jìnxiū

出差 chūchāi　出張する
新加坡 Xīnjiāpō
　　シンガポール
进修 jìnxiū　研修する

2. A：昨天你去哪儿了？　　Zuótiān nǐ qù nǎr le?
   B：去参观北京郊区的农村了。
   　　Qù cānguān Běijīng jiāoqū de nóngcūnle.
   A：参观了哪些地方？　　Cānguān le nǎ xiē dìfang?
   B：参观了乡镇企业、小学和敬老院。
   　　Cānguān le xiāngzhèn qǐyè、xiǎoxué hé jìnglǎoyuàn.

① A：你爸爸　　B：苏州出差　　A：去　公司
   　 nǐbàba　　Sūzhōuchūchāi　　qù　gōngsī
   B：去　苏州松下公司和小松公司
   　 qù　Sūzhōu Sōngxià Gōngsī hé Xiǎosōng Gōngsī

② A：你妹妹　　B：春游　　A：去　地方
   　 nǐmèimei　　chūnyóu　　qù　dìfang
   B：去　颐和园、十三陵水库和万里长城
   　 qù　Yíhéyuán、ShísānlíngShuǐkùhé WànLǐChángchéng

③ A：你们　　B：听讲座　　A：听　讲座
   　 nǐmen　　tīngjiǎngzuò　　tīng　jiǎngzuò
   B：听　中国刺绣和雕刻的讲座
   　 tīng　zhōngguó cìxiù hé diāokè de jiǎngzuò

敬老院 jìnglǎoyuàn
　　老人ホーム
春游 chūnyóu
　　春のピクニック
刺绣 cìxiù　刺繍
雕刻 diāokè　彫刻

3. A：走过来的是谁？　　Zǒu guolai de shì shéi?
   B：是铃木博。　　Shì Língmù Bó.

① A：跑过去　什么　　B：一条哈巴狗
   　 pǎoguoqu　shénme　　yìtiáohǎbagǒu

② A：站起来　谁　　B：李老师
   　 zhànqilai　shéi　　Lǐlǎoshī

③ A：拿出来　什么　　B：上海旅游交通图
   　 náchulai　shénme　　shànghǎilǚyóujiāotōngtú

条 tiáo
　（助数詞）ズボン・川・
　　鉄道などに用いる
哈巴狗 hǎbagǒu
　　ちん（犬の一種）

会　話

🔊 29

老同学　lǎotóngxué：昔のクラスメート	下载　xiàzài：ダウンロードする
手续　shǒuxù：手続き	填好　tiánhǎo：記入し終わる
通过　tōngguò：…を通して	寄给　jìgěi：…に送付する
因特网　yīntèwǎng：インターネット	派用处　pàiyòngchu：役に立つ
报名　bàomíng：申し込む	聊　liáo：話をする、おしゃべりをする
主页　zhǔyè：ホームページ	

老同学在北京再见　Lǎo tóngxué zài Běijīng zàijiàn

🔊 30

A：你 不 是 林 孝之 同学 吗? 你 怎么 来 北京 了?
　　Nǐ bú shì Lín Xiàozhī tóngxué ma? Ní zěnme lái Běijīng le?

B：我 是 来 北京 师范 大学 留学 的。
　　Wǒ shì lái Běijīng shīfàn Dàxué liúxué de.

A：留学 多长 时间?
　　Liúxué duōcháng shíjiān?

B：一 年。已经 来 了 一 个 多 月 了。
　　Yì nián. Yǐjīng lái le yí ge duō yuè le.

A：学习 什么?
　　Xuéxí shénme?

B：中国 经济。因为 我 的 硕士 课程 的 研究课题 是 中国 当代 经济。
　　Zhōngguó jīngjì. Yīnwèi wǒ de shuòshì kèchéng de yánjiūkètí shì Zhōngguó dāngdài jīngjì.

A：留学 手续 麻烦 吗?
　　Liúxué shǒuxù máfan ma?

B：我 是 通过 因特网 报名的，所以 比较 简单。从 北师大 的 主页上 下载
　　Wǒ shì tōngguò yīntèwǎng bàomíngde, suǒyǐ bǐjiào jiǎndān. Cóng BěishīDà de zhǔyèshang xiàzài
　　留学 申请表，填好 后 寄给 大学 就 可以 了。李 明 同学，你 现在
　　liúxué shēngqǐngbiǎo, tiánhǎo hòu jìgěi dàxué jiù kěyǐ le. Lǐ Míng tóngxué, nǐ xiànzài
　　干 什么?
　　gàn shénme?

A：从 日本 留学 回来 后，就 进 了 一 家 中日 合资 企业。我 在 日本
　　Cóng Rìběn liúxué huílai hòu, jiù jìn le yì jiā ZhōngRì hézī qǐyè. Wǒ zài Rìběn
　　学 的 东西 现在 很 派 用处。好，以后 有 时间 我们 再 慢慢儿
　　xué de dōngxi xiànzài hěn pài yòngchu. Hǎo, yǐhòu yǒu shíjiān wǒmen zài mànmānr
　　聊。再见！
　　liáo. Zàijiàn!

B：再见！
　　Zàijiàn!

1．次の質問に中国語で答えなさい。

① 你是什么时候上大学的?

② 你今天是怎么来的?

③ 你是几点进教室的?

④ 刚才走进来的是谁?　　　　　　　　　　　　　　　　刚才 gāngcái　ついさきほど

⑤ 回答问题的时候，你站起来吗?

中国豆知識

★中国の名酒

中国の名酒を ┊┊┊┊┊ から選んで書いてみよう！

> A：绍兴酒 shàoxīngjiǔ（紹興酒）
> B：青岛啤酒 qīngdǎopíjiǔ（青島ビール）
> C：五粮液 wǔliángyè（五粮液）
> D：茅台酒 máotáijiǔ（茅台酒）
> E：王朝葡萄酒 wángcháopútaojiǔ（王朝葡萄酒）

❶	浙江省紹興市産の名酒。「花雕 huādiāo、 加饭 jiāfàn、 香雪 xiāngxuě」などの品種がある。	
❷	貴州省茅台鎮産で、470年の歴史がある。国を代表する酒「国酒 guójiǔ」と呼ばれ、アルコール度数が53度ある。	
❸	四川省宜賓産で、アルコール度数が60度ある。	
❹	天津にある中国とフランス（レミ・マルタン）の合弁企業が造ったワインである。	
❺	山東省青島市産で、中国で最も有名なビールである。日本を含め、外国に大量に輸出されている。	

第8课　饮食
Dì bā kè　Yǐnshí

文法ポイント

1．作为……
介詞であり、「…として」という意味を表し、普通、名詞或いは名詞句の目的語を伴う。

① 作为一个国家公务员，应该遵守国家的法律。
　 Zuòwéi yí ge guójiā gōngwùyuán, yīnggāi zūnshǒu guójiā de fǎlǜ.

应该 yīnggāi （助動詞）…すべきだ、でなければならない

② 我作为她的好朋友，这时应该帮助她。
　 Wǒ zuòwéi tā de hǎopéngyou, zhèshí yīnggāi bāngzhù tā.　　　　帮助 bāngzhù　助ける、手伝う

2．（一）边……, （一）边……
一部の動詞の前に用いて、「…ながら、…する」という意味を表す。「一」は省略できる。

① 铃木一边看电视，一边吃饭。
　 Língmù yìbiān kàn diànshì, yìbiān chī fàn.

② 边走路边抽烟不好。
　 Biān zǒu lù biān chōuyān bù hǎo.　　　　　　　　　　　　抽烟 chōuyān　タバコを吸う

3．構造助詞「地」
一部の二文字の形容詞は、連用修飾語として用いる時、被修飾語との間に「地」を用いる必要がある。

① 田中高兴地跳起来了。
　 Tiánzhōng gāoxìng de tiào qilai le.　　　　　　　　　跳起来 tiàoqilai　飛び上がる

② 孩子们在公园的草坪上快乐地跑着。
　 Háizimen zài gōngyuán de cǎopíngshang kuàilè de pǎozhe.
　 　　　　草坪上 cǎopíngshang　芝生の上／快乐 kuàilè　楽しい／跑着 pǎozhe　走り回っている

飲食

本 文

🔊 31

単語			
其中	qízhōng：その中	素菜	sùcài：精進料理
清淡	qīngdàn：あっさりしている	药膳	yàoshàn：薬膳料理
另外	lìngwài：そのほか	信奉	xìnfèng：信奉する
清真	qīngzhēn：イスラム教の		

中国的名菜、名茶和名酒　Zhōngguó de míngcài、míngchá hé míngjiǔ

🔊 32

中国菜　是　世界　的　三　大　名菜　之　一。中国　的　名菜　有　几十
Zhōngguócài　shì　shìjiè　de　sān　dà　míngcài　zhī　yī. Zhōngguó de　míngcài　yǒu　jǐshí

种，其中　最　有名　的　是　四　种：北京菜、淮扬菜、四川菜、广东菜。四
zhǒng, qízhōng　zuì　yǒumíng　de　shì　sì　zhǒng: běijīngcài、huáiyángcài、sìchuāncài、guǎngdōngcài. Sì

种　菜　各　有　特点：北京菜　比较　咸，淮扬菜　比较　甜，四川菜　很　辣，
zhǒng cài　gè　yǒu　tèdiǎn: běijīngcài　bǐjiào　xián, huáiyángcài　bǐjiào　tián, sìchuāncài　hěn　là,

广东菜　比较　清淡。另外，清真菜、素菜　和　药膳　也　是　中国　有名　的
guǎngdōngcài bǐjiào　qīngdàn. Lìngwài, qīngzhēncài、sùcài　hé　yàoshàn　yě　shì Zhōngguó yǒumíng de

特色菜。清真菜　的　材料中　没　有　猪肉，是　信奉　伊斯兰教　的　人
tèsècài. Qīngzhēncài de　cáiliàozhōng méi　yǒu　zhūròu, shì　xìnfèng　Yīsīlánjiào　de　rén

喜欢　吃　的　菜。素菜　的　材料中　没　有　鱼　和　肉。药膳里　因为　用
xǐhuan　chī　de　cài. sùcài　de　cáiliàozhōng méi　yǒu　yú　hé　ròu. yàoshànli　yīnwèi　yòng

了　一　些　中药材，所以　叫　药膳。
le　yì　xiē　zhōngyàocái, suǒyǐ　jiào　yàoshàn.

在　中国，饮茶　和　饮酒　作为　一　种　文化，已经　有　悠久　的　历史
Zài Zhōngguó, yǐnchá　hé　yǐnjiǔ　zuòwéi　yì　zhǒng wénhuà, yǐjīng　yǒu　yōujiǔ　de　lìshǐ

了。中国　的　名茶　有　很多：龙井　和　碧螺春　是　著名　的　绿茶；
le. Zhōngguó de　míngchá yǒu　hěnduō: lóngjǐng　hé　bìluóchūn　shì　zhùmíng　de　lǜchá;

滇红、祁红　是　著名　的　红茶；普洱茶　是　著名　的　黑茶。其他
diānhóng、qíhóng　shì　zhùmíng　de　hóngchá; pǔ'ěrchá　shì　zhùmíng　de　hēichá. Qítā

还　有　乌龙茶、茉莉花茶　等等。中国酒　的　种类　也　很　多，著名　的
hái　yǒu　wūlóngchá、mòlihuāchá děngdeng. Zhōngguójiǔ de　zhǒnglèi　yě　hěn　duō, zhùmíng de

有　茅台酒、五粮液、竹叶青酒、绍兴酒　等。王朝　葡萄酒　和　青岛　啤酒
yǒu　máotáijiǔ、wǔliángyè、zhúyèqīngjiǔ、shàoxīngjiǔ děng. Wángcháo pútaojiǔ　hé　qīngdǎo　píjiǔ

也　是　中国人　很　喜欢　喝　的　名酒。
yě　shì Zhōngguórén hěn　xǐhuan　hē　de　míngjiǔ.

置き換えて言おう

1. A：你知道日本的三大温泉吗?
   Nǐ zhīdao Rìběn de sān dà wēnquán ma?

   B：我知道。是草津温泉、下吕温泉和有马温泉。
   Wǒ zhīdao. Shì Cǎojīn Wēnquán, Xiàlǚ Wēnquán hé Yǒumǎ Wēnquán.

① A：世界　名菜　　　　B：中国菜　法国菜　土耳其菜
   shìjiè　míngcài　　　 zhōngguócài　fǎguócài　tǔ'ěrqícài

② A：世界　珍奇美味
   shìjiè　zhēnqíměiwèi

   B：酱鹅肝　鱼子酱　法国松蕈
   jiàng'égān　yúzǐjiàng　fǎguósōngxùn

③ A：世界　饮料　　　B：咖啡　红茶　可可
   shìjiè　yǐnliào　　　 kāfēi　hóngchá　kěkě

2. A：你喜欢吃汉堡包，还是喜欢吃比萨饼?
   Nǐ xǐhuan chī hànbǎobāo, háishi xǐhuan chī bǐsàbǐng?

   B：我喜欢吃比萨饼。　　　Wǒ xǐhuan chī bǐsàbǐng.

① A：看推理小说　看恋爱小说　　　B：看推理小说
   kàntuīlǐxiǎoshuō　kànliàn'àixiǎoshuō　　 kàntuīlǐxiǎoshuō

② A：用圆珠笔　用钢笔　　　B：用圆珠笔
   yòngyuánzhūbǐ　yònggāngbǐ　　 yòngyuánzhūbǐ

③ A：做小笼包　做烧卖　　　B：做小笼包
   zuòxiǎolóngbāo zuòshāomai　　 zuòxiǎolóngbāo

3. A：你下课后做什么?　　Nǐ xiàkè hòu zuò shénme?
   B：去咖啡厅，一边喝咖啡，一边和中国朋友聊天儿。
   Qù kāfēitīng, yìbiān hē kāfēi, yìbiān hé Zhōngguó péngyou liáotiānr.

① A：下班
   xiàbān

   B：公司旁边儿的饭馆儿　喝青岛啤酒　和同事谈话
   gōngsīpángbiānrdefànguǎnr　hēqīngdǎopíjiǔ　hétóngshìtánhuà

② A：下课　　B：网吧　上网　喝龙井茶
   xiàkè　　 wǎngbā　shàngwǎng　hēlóngjǐngchá

③ A：星期六上午起床
   xīngqīliùshàngwǔqǐchuáng

   B：中国朋友的家　学做中国菜　用汉语和她聊天儿
   Zhōngguópéngyoudejiā　xuézuòzhōngguócài　yòngHànyǔhétāliáotiānr

---

土耳其 Tǔ'ěrqí　トルコ

珍奇美味 zhēnqíměiwèi
　珍味

酱鹅肝 jiàng'égān
　フォアグラ

鱼子酱 yúzǐjiàng
　キャビア

法国松蕈 fǎguósōngxùn
　トリュフ

可可 kěkě　ココア

汉堡包 hànbǎobāo
　ハンバーガー

比萨饼 bǐsàbǐng　ピザ

圆珠笔 yuánzhūbǐ
　ボールペン

钢笔 gāngbǐ　万年筆

咖啡厅 kāfēitīng　喫茶店

聊天儿 liáotiānr
　おしゃべりをする

同事 tóngshì　同僚

网吧 wǎngbā
　ネットカフェ

学做 xuézuò　見習う

会 話

🔊 33

<table>
<tr><td rowspan="8">単語</td><td>一日三餐　yírìsāncān：一日の三食</td><td>顿　　dùn：</td></tr>
<tr><td>以北　yǐběi：…より北</td><td>　（助数詞）食事、しっ責などに用いる。</td></tr>
<tr><td>面食　miànshí：</td><td>要　yào：…を習慣としている</td></tr>
<tr><td>　　　小麦粉でつくった食品の総称</td><td>在一起　zàiyìqǐ：一緒にいる</td></tr>
<tr><td>稀饭　xīfàn：おかゆ</td><td>男主人　nánzhǔren：旦那さん</td></tr>
<tr><td>面条　miàntiáo：麺類の総称</td><td>白酒　báijiǔ：アルコール度数が高い無色</td></tr>
<tr><td>多一些　duōyìxiē：すこし多い</td><td>　　　　透明の蒸留酒</td></tr>
<tr><td>盒饭　héfàn：弁当</td><td>低度酒　dīdùjiǔ：アルコール度数の低い酒</td></tr>
<tr><td></td><td>差不多　chàbuduō：ほとんど同じ</td><td>成为　chéngwéi：…になる</td></tr>
</table>

谈一日三餐　Tán yírì sāncān

🔊 34

A：中国人 的 主食 是 什么?
　　Zhōngguórén de zhǔshí shì shénme?

B：长江 以北 的 人 一般 吃 面食，长江 以南 的 人 一般 吃 米饭。
　　ChángJiāng yǐběi de rén yìbān chī miànshí, ChángJiāng yǐnán de rén yìbān chī mǐfàn.

A：早饭 一般 吃 什么?
　　Zǎofàn yìbān chī shénme?

B：喝 稀饭，吃 包子、面条 等。
　　Hē xīfàn, chī bāozi、miàntiáo děng.

A：不 吃 面包，也 不 喝 咖啡、牛奶 吗?
　　Bù chī miànbāo, yě bù hē kāfēi、niúnǎi ma?

B：大城市里 吃 面包，喝 咖啡、牛奶 的 人 多 一些。
　　Dàchéngshìli chī miànbāo, hē kāfēi、niúnǎi de rén duō yìxiē.

A：午饭 呢?
　　Wǔfàn ne?

B：午饭 在 单位、学校 的 食堂，外面 的 餐厅 吃 的 人 比较 多。大家
　　Wǔfàn zài dānwèi、xuéxiào de shítáng, wàimian de cāntīng chī de rén bǐjiào duō. Dàjiā
　　都 吃 得 比较 简单，有的 人 只 吃 一 个 盒饭。
　　dōu chī de bǐjiào jiǎndān, yǒude rén zhǐ chī yí ge héfàn.

A：那 和 日本人 差不多。
　　Nà hé Rìběnrén chàbuduō.

B：中国人 比较 重视 晚上 的 一 顿 饭。一般 都 要 做 几 个 好菜，
　　Zhōngguórén bǐjiào zhòngshì wǎnshang de yí dùn fàn. Yìbān dōu yào zuò jǐ ge hǎocài,
　　一家人 在 一起 热热闹闹 地 吃。
　　yìjiārén zài yìqǐ rèrenāonāo de chī.

A：吃 晚饭 时，男主人 也 常常 喝 酒 吗?
　　Chī wǎnfàn shí, nánzhǔren yě chángchang hē jiǔ ma?

B：平日 一般 不 喝，星期 六、天 的 晚饭 时 喝 的 人 比较 多。
　　Píngrì yìbān bù hē, xīngqī liù、tiān de wǎnfàn shí hē de rén bǐjiào duō.

A：中国人 喜欢 喝 什么 酒？
　　Zhōngguórén xǐhuan hē shénme jiǔ?

B：以前 喝 白酒 的 人 很 多，现在 大部分 人 喜欢 喝 啤酒 或 低度酒。
　　Yǐqián hē báijiǔ de rén hěn duō, xiànzài dàbùfen rén xǐhuan hē píjiǔ huò dīdùjiǔ.

　　二〇〇五 年，中国 已 成为 世界上 啤酒 消费量 最 多 的 国家。
　　Èrlínglíngwǔ nián, Zhōngguó yǐ chéngwéi shìjièshang píjiǔ xiāofèiliàng zuì duō de guójiā.

トライ!練習

1．次の日本語を中国語に訳しなさい。

①　一人の大学生として、まじめに勉強しなければならない。　　　　　认真 rènzhēn　まじめである

②　彼は音楽を聞きながら宿題をやっている。

③　本を読みながら道を歩くのは危ない。

④　おじいさんはもう無事に沖縄に着いた。　　平安 píng'ān　無事である／到达 dàodá　着く、到着する

⑤　あなた方の大学をすこし簡単に紹介してください。

中国豆知識

★中国の主要な祝祭日

中国の主要な祝祭日を ┊┊┊┊┊ から選んで書いてみよう！

西暦

A：国际妇女节 GuójìFùnǚJié（国際婦人デー）
B：青年节 QīngniánJié（青年節）
C：国际儿童节 GuójìÉrtóngJié（国際児童節）
D：建军节 JiànjūnJié（建軍節）
E：国庆节 GuóqìngJié（国慶節）
F：教师节 JiàoshīJié（教員節）
G：国际劳动节 GuójìLáodòngJié（メーデー）
H：元旦 Yuándàn（元旦）

陰暦

A：元宵节 YuánxiāoJié（上元）
B：中秋节 ZhōngqiūJié（中秋節）
C：重阳节 ChóngyángJié（重陽）
D：端午节 DuānwǔJié（端午の節句）
E：春节 ChūnJié（春節、旧正月一日）

	公历 gōnglì（西暦）			阴历 yīnlì（陰暦）	
❶	1月1日		❶	正月初一	
❷	3月8日		❷	正月十五	
❸	5月1日		❸	五月初五	
❹	5月4日		❹	八月十五	
❺	6月1日		❺	九月初九	
❻	8月1日				
❼	9月10日				
❽	10月1日				

第9课　上街、买东西
Dì jiǔ kè　Shàngjiē、máidōngxi

1. 先……，然后……

「まず…、それから…」という意味を表す。

① 我每天晚上回家后，先洗澡，然后吃晚饭。
Wǒ měitiān wǎnshang huí jiā hòu, xiān xǐzǎo, ránhòu chī wǎnfàn.

洗澡 xǐzǎo　入浴する

② 在中国入境，先要办入境手续，然后再办通关手续。
Zài Zhōngguó rùjìng, xiān yào bàn rùjìng shǒuxù, ránhòu zài bàn tōngguān shǒuxù.

通关 tōngguān　通関

2. 一……，就……

「…すると、すぐ…」という意味を表す。

① 时间一到，百货公司就开门了。
Shíjiān yí dào, bǎihuò gōngsī jiù kāimén le.

开门 kāimén　（お店など）営業が始まる

② 天一亮，我就起床了。
Tiān yí liàng, wǒ jiù qǐchuáng le.

街へ行く、買い物に行く 第9課 ～中国編～

本文

🔊 35

単語	果然　guǒrán：やはり、案の定	収获　shōuhuò：得るところ、成果
	歩行街　bùxíngjiē：歩行者天国	
	人山人海　rénshānrénhǎi：黒山の人だかり	

上街（日记）Shàngjiē (Rìjì)

二○○九 年 九 月 二十 日　　星期 日　晴 🔊 36
Èrlínglíngjiǔ nián jiǔ yuè èrshí rì.　Xīngqī rì　Qíng

今天 是 我 来 中国 以后 的 第 一 个 星期 日。早上 七 点半
Jīntiān shì wǒ lái Zhōngguó yǐhòu de dì yī ge xīngqī rì. Zǎoshang qī diǎnbàn

我 就 起床 了。刷牙、洗脸，吃 了 早饭 后，九 点钟 左右，我 和
wǒ jiù qǐchuáng le. Shuāyá、xǐliǎn, chī le zǎofàn hòu, jiǔ diǎnzhōng zuǒyòu, wǒ hé

同班 的 铃木 同学 一起 上街 了。
tóngbān de Língmù tóngxué yìqǐ shàngjiē le.

我们 先 坐 公共汽车 去 了 上海 火车站。上海 火车站 周围 很
Wǒmen xiān zuò gōnggòngqìchē qù le Shànghǎi Huǒchēzhàn. Shànghǎi Huǒchēzhàn zhōuwéi hěn

热闹。我们 在 那儿 逛了逛 商店，拍 了 几 张 照片，然后 坐 地铁
rènao. Wǒmen zài nàr guàngleguàng shāngdiàn, pāi le jǐ zhāng zhàopiàn, ránhòu zuò dìtiě

到 了 南京路。听说 南京路 是 上海 最 繁华 的 一 条 大街，到
dào le NánjīngLù. Tīngshuō NánjīngLù shì Shànghǎi zuì fánhuá de yì tiáo dàjiē, dào

那儿 一 看，果然 是 这样。著名 的 上海市 第一 百货商店、永安
nàr yí kàn, guǒrán shì zhèyàng. Zhùmíng de Shànghǎishì Dìyī bǎihuòshāngdiàn、Yǒng'ān

百货有限公司、伊势丹 百货公司 等 都 在 南京路上。南京路 分
Bǎihuòyǒuxiàngōngsī、Yīshìdān Bǎihuògōngsī děng dōu zài NánjīngLùshang. NánjīngLù fēn

南京东路 和 南京西路，南京东路 现在 是 上海 有名 的 步行街。今天
NánjīngdōngLù hé NánjīngxīLù, NánjīngdōngLù xiànzài shì Shànghǎi yǒumíng de bùxíngjiē. Jīntiān

是 星期 日，所以 来 南京路 的 人 特别 多，路上、商店里 都 是
shì xīngqī rì, suǒyǐ lái NánjīngLù de rén tèbié duō, lùshang、shāngdiànli dōu shì

人山人海。我们 在 南京路上 的 梅龙镇 酒家 吃 了 午饭，到 几 个
rénshānrénhǎi. Wǒmen zài NánjīngLùshang de Méilóngzhèn Jiǔjiā chī le wǔfàn, dào jǐ ge

有名 的 商店里 去 看了看，买 了 点儿 东西，下午 五 点 左右，就
yǒumíng de shāngdiànli qù kànlekàn, mǎi le diǎnr dōngxi, xiàwǔ wǔ diǎn zuǒyòu, jiù

坐 出租汽车 回 学校 了。
zuò chūzūqìchē huí xuéxiào le.

今天，我 不但 了解 了 一些 中国 的 物价 情况，而且 还 练习
Jīntiān, wǒ búdàn liǎojiě le yìxiē Zhōngguó de wùjià qíngkuàng, érqiě hái liànxí

了 说 汉语，收获 真 是 太 大 了。
le shuō Hànyǔ, shōuhuò zhēn shì tài dà le.

置き換えて言おう

1. A：我们先去王府井大街，然后去琉璃厂怎么样？
   Wǒmen xiān qù Wángfǔjǐng Dàjiē, ránhòu qù Liúlichǎng zěnmeyàng?

   B：好啊。
   Hǎoa.

   ① A：去北京书城　去天安门广场
   qù Běijīngshūchéng　qù Tiān'ānménGuǎngchǎng

   ② A：坐单轨列车　换五路无轨电车
   zuò dānguǐlièchē　huàn wǔlùwúguǐdiànchē

   ③ A：参观天安门城楼　参观故宫
   cānguān Tiān'ānménchénglóu　cānguānGùgōng

   书城 shūchéng
   　大型の書店
   单轨列车 dānguǐlièchē
   　モノレール
   无轨电车 wúguǐdiànchē
   　トロリーバス

2. A：请问，去八达岭长城怎么坐车？
   Qǐngwèn, qù Bādálǐng Chángchéng zěnme zuò chē?

   B：可以在北京站坐旅游二路车。
   Kěyǐ zài BěijīngZhàn zuò lǚyóu èrlùchē.

   ① A：颐和园　　B：新街口　三三一路公共汽车
   Yíhéyuán　　　　Xīnjiēkǒu　sānsānyāolùgōnggòngqìchē

   ② A：上海博物馆　B：静安寺　地铁二号线
   ShànghǎiBówùguǎn　Jìng'ānsì　dìtiěèrhàoxiàn

   ③ A：浦东国际机场　B：龙阳路站　磁浮列车
   PǔdōngguójìJīchǎng　LóngyánglùZhàn　cífúlièchē

   磁浮列车 cífúlièchē
   　リニアモーターカー

3. A：请问，苏州园林一日游多少钱？
   Qǐngwèn, Sūzhōu yuánlín yírìyóu duōshao qián?

   B：一个人一百五十八块，包午餐。
   Yí ge rén yìbǎiwǔshíbā kuài, bāo wǔcān.

   ① A：杭州、绍兴二日游　B：五百二十块　三餐
   Hángzhōu、Shàoxīngèrrìyóu　wǔbǎi'èrshíkuài　sāncān

   ② A：双人房一夜　B：二百五十块　早餐
   shuāngrénfángyíyè　èrbǎiwǔshíkuài　zǎocān

   ③ A：一张门票　B：九十八块　馆内资料费
   yìzhāngménpiào　jiǔshíbākuài　guǎnnèizīliàofèi

   一日游 yírìyóu
   　ツアーの日帰りコース
   包 bāo　…込み、…付き
   双人房 shuāngrénfáng
   　ツイン（ダブル）ルーム

会 話

 🔊 37

<table>
<tr><td rowspan="5">単語</td><td>往　wǎng：…向けて</td><td>三天之内　sāntiānzhīnèi：三日間の間</td></tr>
<tr><td>十字路口　shízìlùkǒu：十字路</td><td>打七折　dǎqīzhé：三割引</td></tr>
<tr><td>拐　guǎi：曲がる</td><td>降到　jiàngdào：…まで値引する</td></tr>
<tr><td>牛仔裤　niúzǎikù：ジーンズ</td><td>找　zhǎo：（つり銭を）出す</td></tr>
<tr><td>合适　héshì：似合う</td><td></td></tr>
</table>

自由市场 Zìyóu shìchǎng

🔊 38

A：请问，去 华山路 自由 市场 怎么 走?
　　Qǐngwèn, qù HuáshānLù zìyóu shìchǎng zěnme zǒu?

B：往 前 一直 走，在 第二 个 十字路口 往 右 一 拐 就 到 了。
　　Wǎng qián yìzhí zǒu, zài dìèr ge shízìlùkǒu wǎng yòu yì guǎi jiù dào le.

A：谢谢。
　　Xièxie.

B：不谢。
　　Búxiè.

（自由市场に着いてから、服の屋台で）

C：先生，您 想 买 什么?
　　Xiānsheng, nín xiǎng mǎi shénme?

A：我 想 买 一 条 牛仔裤。
　　Wǒ xiǎng mǎi yì tiáo niúzǎikù.

C：您 看 这 条 怎么样? 您 穿 一定 合适。
　　Nín kàn zhè tiáo zěnmeyàng? Nín chuān yídìng héshì.

A：多少 钱 一 条?
　　Duōshao qián yì tiáo?

C：从 昨天 开始 三 天 之内 打 七折，一百六十八 块 一 条。
　　Cóng zuótiān kāishǐ sān tiān zhīnèi dǎ qīzhé, yìbǎiliùshíbā kuài yì tiáo.

A：能不能 再 便宜 一点儿? 一百五十 块 怎么样?
　　Néngbunéng zài piányi yìdiǎnr? Yìbǎiwǔshí kuài zěnmeyàng?

C：已经 打 了 七折，不 能 再 便宜 了。如果 您 买 两 条，每 条 可以
　　Yǐjīng dǎ le qīzhé, bù néng zài piányi le. Rúguǒ nín mǎi liǎng tiáo, měi tiáo kěyǐ

　　降到 一百六十 块。
　　jiàngdào yìbǎiliùshí kuài.

A：那 我 就 买 两 条 吧。给 你 钱。
　　Nà wǒ jiù mǎi liǎng tiáo ba. Gěi nǐ qián.

C：收 您 三百五十 块，找 您 三十 块。谢谢 您。
　　Shōu nín sānbǎiwǔshí kuài, zhǎo nín sānshí kuài. Xièxie nín.

トライ!練習

1．次の日本語を中国語に訳しなさい。

① すみません、北京大通りにはどう行ったらいいですか？

② 明日、私はまずコンビニに買物に行き、それから大学に行く。

③ 冬休みに私はまず桂林に行き、その後昆明に旅行に行くつもりです。

④ 五時になると、鈴木君はすぐバイトに行く。

⑤ 彼女は天気が寒くなると、すぐセーターを着る。

中国豆知識

10

★四大古典名作

四大古典名作を ⋮⋮⋮⋮ から選んで書いてみよう！

❶	蜀の劉備が三顧の礼。	
❷	一〇八人の豪傑が登場。	
❸	主人公は孫悟空。	
❹	主人公は西門慶。	

A：西游记 xīyóujì
　　（西遊記）
B：三国演义 sānguóyǎnyì
　　（三国志演義）
C：金瓶梅 jīnpíngméi
　　（金瓶梅）
D：水浒传 shuǐhǔzhuàn
　　（水滸伝）

★四大発明

四大発明を ⋮⋮⋮⋮ から選んで書いてみよう！

❶	今も爆竹や花火に使われている。	
❷	磁針がいつも南北を指す。	
❸	物を書いたり、包んだりするのによく使う。	
❹	六世紀初期に木版印刷、十一世紀に活字印刷が発明された。	

A：印刷术 yìnshuāshù
　　（印刷技術）
B：火药 huǒyào
　　（火薬）
C：纸 zhǐ
　　（紙）
D：指南针 zhǐnánzhēn
　　（羅針盤）

第10课　受邀

文法ポイント

1．越来越……

「ますます…になる」という意味を表す。

① 北京的高层建筑越来越多。　Běijīng de gāocéng jiànzhù yuèláiyuè duō.

高层建筑 gāocéngjiànzhù　高層建築

② 您的女儿越来越漂亮了。　Nín de nǚ'ér yuèláiyuè piàoliang le.

2．「有点儿」と「一点儿」

① 今天有点儿冷。　Jīntiān yǒudiǎnr lěng.
　（今日はすこし寒い。「望ましくない状態について言う。」）

② 今天比昨天冷一点儿。　Jīntiān bǐ zuótiān lěng yìdiǎnr.
　（今日は昨日より少し寒い。「比べた結果について言う。」）

③ 今天一点儿也不冷。　Jīntiān yìdiǎnr yě bùlěng.
　（今日は少しも寒くない。）

④ 我一点儿也没醉。　Wǒ yìdiǎnr yě méi zuì.
　（私はまったく酔っていない。）

⑤ 我只拿了一点儿。　Wǒ zhǐ ná le yìdiǎnr.
　（私は少ししか取らなかった。）

3．……的话

助詞であり、先行文節の最後に置き、呼応して先行文節に「如果、假如、要是」などを用いる。仮定を表す。

① 如果你去的话，我就不去了。　Rúguǒ nǐ qù dehuà, wǒ jiù bú qù le.

② 想看的话，随时可以看。　Xiǎng kàn dehuà, suíshí kěyǐ kàn.

随时 suíshí　いつでも

招かれる

本 文

🔊 39

単語

才 cái：やっと	公寓 gōngyù：マンション
热情 rèqíng：親切だ	不知不觉 bùzhībùjué：知らないうちに
先生 xiānsheng：ご主人	告辞 gàocí：いとまを告げる
三室一厅 sānshìyìtīng：3LDK	

去老师家 Qù lǎoshī jiā

🔊 40

我们 的 汉语 老师 叫 李 芳，是 一 位 女 老师。昨天，我 和
Wǒmen de Hànyǔ lǎoshī jiào Lǐ Fāng, shì yí wèi nǚ lǎoshī. Zuótiān, wǒ hé

铃木 同学 去 她 家 玩儿。她 家 在 上海市 卢湾区，离 大学 比较
Língmù tóngxué qù tā jiā wánr. Tā jiā zài ShànghǎiShì LúwānQū, lí dàxué bǐjiào

远。我们 下午 两点 出发，换 了 两 次 车，四 点 才 到 她 家。
yuǎn. Wǒmen xiàwǔ liǎngdiǎn chūfā, huàn le liǎng cì chē, sì diǎn cái dào tā jiā.

李 老师 一 家 热情 地 迎接 我们。她 家 有 三 口 人，她
Lǐ lǎoshī yì jiā rèqíng de yíngjiē wǒmen. Tā jiā yǒu sān kǒu rén, tā

先生 在 政府 机关 工作，儿子 是 初中 三 年级 的 学生。李 老师
xiānsheng zài zhèngfǔ jīguān gōngzuò, érzi shì chūzhōng sān niánjí de xuésheng. Lǐ lǎoshī

一 家 住 的 是 三室一厅 的 公寓房，离 地铁 站 很 近。
yì jiā zhù de shì sānshìyìtīng de gōngyùfáng, lí dìtiě zhàn hěn jìn.

晚上，我们 和 李 老师 一 家 一起 吃 晚饭，李 老师 做 的
Wǎnshang, wǒmen hé Lǐ lǎoshī yì jiā yìqǐ chī wǎnfàn, Lǐ lǎoshī zuò de

上海菜 很 好吃。大家 边 吃 边 谈，不知不觉 地 已经 到 了 九 点。
shànghǎicài hěn hǎochī. Dàjiā biān chī biān tán, bùzhībùjué de yǐjīng dào le jiǔ diǎn.

吃完 晚饭，大家 又 谈 了 一会儿，九 点半，我们 告辞 回 学校 了。
Chīwán wǎnfàn, dàjiā yòu tán le yíhuìr, jiǔ diǎnbàn, wǒmen gàocí huí xuéxiào le.

1. A：中国的物价怎么样？　　Zhōngguó de wùjià zěnmeyàng?
   B：吃的东西越来越贵，特别是面类食品。
   　　Chī de dōngxi yuèláiyuè guì, tèbié shì miànlèi shípǐn.

① A：中国彩电的价格
   Zhōngguócǎidiàndejiàgé
   B：薄型的彩电　便宜　等离子彩电
   báoxíngdecǎidiàn　piányi　děnglízǐcǎidiàn

② A：北京的气温　　B：夏天的气温　高　市中心
   Běijīngdeqìwēn　　　xiàtiāndeqìwēn　gāo　shìzhōngxīn

③ A：上海的市容　　B：市区　漂亮　浦东地区
   Shànghǎideshìróng　　shìqū　piàoliang　Pǔdōngdìqū

面类食品 miànlèishípǐn
　小麦粉で作った食品類
等离子 děnglízǐ　プラズマ
市容 shìróng　街の様子

2. A：上海的房租贵不贵？　　Shànghǎi de fángzū guìbuguì?
   B：市中心很贵，近郊便宜一点儿。
   　　Shìzhōngxīn hěn guì, jìnjiāo piányi yìdiǎnr.

① A：那儿的交通　方便不方便
   nàrdejiāotōng　fāngbiànbufāngbiàn
   B：市区　方便　郊区　差
   shìqū　fāngbiàn　jiāoqū　chà

② A：那儿的工资　高不高
   nàrdegōngzī　gāobugāo
   B：合资企业　高　中小企业　低
   hézīqǐyè　gāo　zhōngxiǎoqǐyè　dī

③ A：你家离车站　远不远
   nǐjiālíchēzhàn　yuǎnbuyuǎn
   B：离公共汽车站　近　离地铁站　远
   lígōnggòngqìchēzhàn　jìn　lídìtiězhàn　yuǎn

房租 fángzū　家賃
合资 hézī　合弁

3. A：下星期天方便的话，请来我家玩儿。
   　　Xià xīngqī tiān fāngbiàn dehuà, qǐng lái wǒ jiā wánr.
   B：好的。我下午三点去吧。　　Hǎode. Wǒ xiàwǔ sān diǎn qù ba.

① A：晚上　我的宿舍　　B：晚上七点
   wǎnshang　wǒdesùshè　　　wǎnshangqīdiǎn

② A：明天　我家吃饭　　B：上午十一点
   míngtiān　wǒjiāchīfàn　　　shàngwǔshíyīdiǎn

③ A：寒假期间　天津玩儿　　B：正月初三
   hánjiàqījiān　Tiānjīnwánr　　　zhēngyuèchūsān

正月初三 zhēngyuèchūsān
　陰暦の一月三日

62

会 話

🔊 41

| 単語 | 打挠 *dǎjiǎo*：邪魔する
客厅 *kètīng*：応接間 | 请别张罗 *qǐngbiézhāngluo*：
　　　　　　どうぞおかまいなく
忙什么 *mángshénme*：そう急がずに |

去同学家 Qù tóngxué jiā

🔊 42

A：对不起，李 芳 在 家 吗?
　　Duìbuqǐ,　 Lǐ Fāng zài jiā ma?

B：哦，是 铃木 同学，快 请 进来。
　　Ò,　 shì Língmù tóngxué, kuài qǐng jìnlai.

A：休息天 来 打 搅 你，不好意思。
　　Xiūxitiān lái dǎ jiǎo nǐ,　 bùhǎoyìsi.

B：没关系。请 在 客厅 坐 一会儿。你 喝 点儿 什么 吗?
　　Méiguānxi. Qǐng zài kètīng zuò yíhuìr. Nǐ hē diǎnr shénme ma?

A：请 别 张罗。
　　Qǐng　 bié zhāngluo.

B：喝 咖啡 还是 喝 茶?
　　Hē kāfēi háishi hē chá?

A：那 我 就 喝 点儿 茶 吧。
　　Nà wǒ jiù hē diǎnr chá ba.

B：这 是 中国 有名 的 龙井茶，请 尝尝。
　　Zhè shì Zhōngguó yǒumíng de lóngjǐngchá, qǐng chángchang.

A：真 香 啊！味道 也 不错。
　　Zhēn xiāng a! Wèidao yě búcuò.

（しばらくしてから）
A：时间 不 早 了，我 该 回去 了。
　　Shíjiān bù zǎo le, wǒ gāi huíqu le.

B：忙 什么，再 坐 一会儿 吧。
　　Máng shénme, zài zuò yíhuìr ba.

A：不了。谢谢 你 的 招待。再见！
　　Bùle. Xièxie nǐ de zhāodài. Zàijiàn!

B：再见！
　　Zàijiàn!

トライ！練習

1．「有点儿、一点儿、的话」から適当なものを選んで次の文の（　）に入れなさい。

① 那件毛衣（　　）贵。

② 我今天（　　）也不累。　　　　　　　　　　　　　　　　累 lèi 疲れる

③ 这台液晶电视机便宜（　　　）。

④ 你想吃（　　），你就吃吧。

⑤ 他拿了（　　　）行李，就去火车站了。　　　　　　　行李 xíngli 荷物

中国豆知識

11

★中国の名物

中国の名物を ┈┈┈ から選んで書いてみよう！

> A：宜兴陶器 yíxīngtáoqi （宜興の陶器）
> B：唐三彩 tángsāncǎi （唐三彩）
> C：景泰蓝 jǐngtàilán （七宝焼）
> D：黄杨木雕 huángyángmùdiāo （黄楊彫り）
> E：景德镇瓷器 jǐngdézhèncíqi （景徳鎮の磁器）

❶	下地（銅など）に琺瑯を焼き付けて作った物。製品は装身具や工芸品が多い。	
❷	唐王朝の初期から流行しはじめた彩色の陶器。	
❸	素材は黄楊（つげ）。	
❹	江西省景徳鎮市の特産。製品は食器が多い。	
❺	江蘇省宜興市の特産。茶器などが有名である。	

解答 ①C ②B ③D ④E ⑤A

第11课　风俗习惯
Dì shíyī kè　Fēngsúxíguàn

１．形容詞＋多了

「ずっと」・「はるかに」という意味を表す。

① 五十英寸的液晶彩电贵多了。
　　Wǔshí yīngcùn de yèjīng cǎidiàn guì duō le.

② 磁浮列车比新干线快多了。
　　Cífú lièchē bǐ xīngànxiàn kuài duō le.

２．没有＋形容詞

「…ほど…ない…」という意味を表す。

① 我的年收没有他的多。
　　Wǒ de niánshōu méi yǒu tā de duō.

② 单轨列车没有电车快。
　　Dānguǐ lièchē méi yǒu diànchē kuài.

風俗習慣

本　文

🔊 43

<table>
<tr><td rowspan="9">単語</td><td colspan="2">

地广人多　dìguǎngrénduō：
　　　　　　国土が広く、人口が多い

加上　jiāshang：その上

方面　fāngmiàn：（…の）面（では）

口味　kǒuwèi：（食べ物についての）好み

吉利　jílì：縁起がいい

发财　fācái：金持ちになる

牌照　páizhào：（車の）ナンバー・プレート

不管……，都……　bùguǎn……, dōu……：
　　　　　　…しようと、…であろうと
</td><td colspan="2">

脱　tuō：脱ぐ

喜酒　xǐjiǔ：結婚披露宴

喜糖　xǐtáng：
　　結婚する時、友人・同僚などに配るあめ

熟悉　shúxi：親しくなる

打听　dǎtīng：聞く

各自付帐（ＡＡ制）　gèzìfùzhàng（ＡＡzhì）：
　　　　　　　　　　割り勘にする

往往　wǎngwǎng：しばしば、よく
</td></tr>
</table>

风俗习惯　Fēngsú xíguàn

🔊 44

中国　地广人多，加上　气候、地理　环境　的　不同，就是　同　是
Zhōngguó dìguǎngrénduō, jiāshang qìhòu, dìlǐ huánjìng de bùtóng, jiùshì tóng shì

汉民族，北方人　和　南方人，四川人　和　广东人　等等　的　风俗习惯　也
Hànmínzú, běifāngrén hé nánfāngrén, Sìchuānrén hé Guǎngdōngrén děngdeng de fēngsúxíguàn yě

不　完全　相同。比如，在　主食　方面，一般　来说，长江　以北　的　人
bù wánquán xiāngtóng. Bǐrú, zài zhǔshí fāngmiàn, yìbān láishuō, ChángJiāng yǐběi de rén

爱　吃　面食，长江　以南　的　人　爱　吃　米饭。在　口味　方面，北方人
ài chī miànshí, ChángJiāng yǐnán de rén ài chī mǐfàn. Zài kǒuwèi fāngmiàn, běifāngrén

喜欢　吃　咸的，南方人　喜欢　吃　甜的，四川、湖南人　喜欢　吃　辣的，
xǐhuan chī xiánde, nánfángrén xǐhuan chī tiánde, Sìchuān, Húnánrén xǐhuan chī làde,

广东人　喜欢　吃　清淡的。对　广东人　和　香港人　来说，"八"是　吉利
Guǎngdōngrén xǐhuān chī qīngdànde. Duì Guǎngdǎngrén hé Xiānggǎngrén láishuō, "bā" shì jílì

的　数字。因为　在　广东　方言中，"八"和　发财　的　"发"发音　相似，
de shùzì. Yīnwèi zài Guǎngdōng fāngyánzhōng, "bā" hé fācái de "fā" fāyīn xiāngsì,

所以　带"八"字　的　汽车　牌照、电话　号码　等　很　受　大家　的　欢迎。
suǒyǐ dài "bā" zì de qìchē páizhào, diànhuà hàomǎ děng hěn shòu dàjiā de huānyíng.

　　中国人　不管　到　什么　地方，一般　都　没　有　脱　鞋　的　习惯。和
Zhōngguórén bùguǎn dào shénme dìfang, yìbān dōu méi yǒu tuō xié de xíguàn. Hé

人　初次　见面、告辞　时　采用　握手　的　方式。结婚　时，除了　办　"喜酒"
rén chūcì jiànmiàn, gàocí shí cǎiyòng wòshǒu de fāngshì. Jiéhūn shí, chúle bàn "xǐjiǔ"

以外，还 给 亲戚、朋友、同事、邻居 发"喜糖"，通知 大家 自己
yǐwài, hái gěi qīnqi、péngyou、tóngshì、línjū fā "xǐtáng", tōngzhī dàjiā zìjǐ

已经 结婚。和 人 熟悉 以后，有时 会 打听 你 的 工作、家庭
yǐjīng jiéhūn. Hé rén shúxi yǐhòu, yǒushí huì dǎting nǐ de gōngzuò、jiātíng

情况，是否 已经 结婚 等等，来 表示 对 你 的 关心。如果 和 同事、
qíngkuàng, shìfǒu yǐjīng jiéhūn děngdeng, lái biǎoshì duì nǐ de guānxīn. Rúguǒ hé tóngshì、

朋友 一起 外出 吃 饭，一般 没 有 各自付帐 的 习惯，往往 由
péngyou yìqǐ wàichū chī fàn, yìbān méi yǒu gèzìfùzhàng de xíguàn, wǎngwǎng yóu

其中 的 一 个人 付。不过，从 九十 年代 中期 开始，用"ＡＡ制"
qízhōng de yí gerén fù. Búguò, cóng jiǔshí niándài zhōngqī kāishǐ, yòng "AAzhì"

付帐 的 人 在 慢慢 增加。
fùzhàng de rén zài mànmān zēngjiā.

置き換えて言おう

1．A：桂林的风景怎么样？　　Guìlín de fēngjǐng zěnmeyàng?
　　B：桂林的风景比绍兴的漂亮多了。

　　　Guìlín de fēngjǐng bǐ Shàoxīngde piàoliang duō le.

宽敞 kuānchang　広い

① A：深圳　物价　　　B：深圳　物价　广州的　贵
　　　Shēnzhèn wùjià　　　　Shēnzhèn wùjià Guǎngzhōude guì

② A：他们　婚礼　　　B：他们　婚礼　我们的　豪华
　　　tāmen hūnlǐ　　　　　tāmen hūnlǐ wǒmende háohuá

③ A：李明　家　　　　B：他　家　我家　宽敞
　　　LǐMíng jiā　　　　　tā jiā wǒjiā kuānchang

2．A：合资公司的工资高不高？　　Hézī gōngsī de gōngzī gāobugāo?
　　B：合资公司的工资没有外国独资公司的高。

　　　Hézī gōngsī de gōngzī méi yǒu wàiguó dúzī gōngsīde gāo.

三世同堂 sānshìtóngtáng
　三代同居

① A：那儿　冬天　冷不冷
　　　nàr dōngtiān lěngbulěng

　　B：那儿　冬天　哈尔滨　冷
　　　nàr dōngtiān Hā'ěrbīn lěng

② A：妇女　就职率　高不高
　　　fùnǚ jiùzhílǜ gāobugāo

　　B：妇女　就职率　城市　高
　　　fùnǚ jiùzhílǜ chéngshì gāo

③ A：三世同堂　家庭　多不多
　　　sānshìtóngtáng jiātíng duōbuduō

　　B：三世同堂　家庭　农村　多
　　　sānshìtóngtáng jiātíng nóngcūn duō

3．A：你劝过他了吗？　　Nǐ quànguo tā le ma?
　　B：劝过了。但无论怎么劝，他也不听。

　　　Quànguo le. Dàn wúlùn zěnme quàn, tā yě bù tīng.

劝 quàn
　説得する、忠告する

① A：你　听过　　　B：听　听　我　听不懂
　　　nǐ tīngguo　　　tīng tīng wǒ tīngbudǒng

② A：你　解释过　　B：解释　解释　他　不明白
　　　nǐ jiěshìguo　　jiěshì jiěshì tā bùmíngbai

③ A：他　练习过　　B：练习　练习　他　做不好
　　　tā liànxíguo　　liànxí liànxí tā zuòbuhǎo

🔊 45

単語	礼节　lǐjié：礼儀	礼金　lǐjīn：お祝い金、謝礼金
	最好　zuìhǎo：最もよいことは…	喝醉　hēzuì：飲んで酔う
	敲　qiāo：たたく	受到照顾　shòudàozhàogù：
	吃光　chīguāng：食べつくす	…に面倒をみてもらう

谈礼节　Tán lǐjié

🔊 46

A：李 明，有 几 个 问题 想 请教 一下儿。
　　Lǐ Míng, yǒu jǐ ge wèntí xiǎng qǐngjiào yíxiàr.

B：别客气，你 说 吧。
　　Biékèqi, nǐ shuō ba.

A：去 中国人 家 做客，应该 注意 些 什么?
　　Qù Zhōngguórén jiā zuòkè, yīnggāi zhùyì xiē shénme?

B：去 的 时候 最好 带 些 礼物，如 自己 国家 的 土特产 或 对方 喜欢
　　Qù de shíhou zuìhǎo dài xiē lǐwù, rú zìjǐ guójiā de tǔtèchǎn huò duìfāng xǐhuan
　　的 东西。吃 饭 时，如果 有 人 给 你 倒 酒，你 可以 用 食指 和
　　de dōngxi. Chī fàn shí, rúguǒ yǒu rén gěi nǐ dào jiǔ, nǐ kěyǐ yòng shízhǐ hé
　　中指 轻轻 地 敲 桌子 来 表示 感谢。桌子上 的 菜 最好 不 要 全部
　　zhōngzhǐ qīngqing de qiāo zhuōzi lái biǎoshì gǎnxiè. Zhuōzishang de cài zuìhǎo bú yào quánbù
　　吃光。
　　chīguāng.

A：那 参加 中国人 的 婚礼 应该 注意 些 什么 呢?
　　Nà cānjiā Zhōngguórén de hūnlǐ yīnggāi zhùyì xiē shénme ne?

B：一般 应该 送礼。送 礼金 或 新郎、新娘 喜欢 的 东西。参加 婚宴 时，
　　Yìbān yīnggāi sònglǐ. Sòng lǐjīn huò xīnláng、xīnniáng xǐhuan de dōngxi. Cānjiā hūnyàn shí,
　　注意 不 要 喝醉 了。
　　zhùyì bú yào hēzuì le.

A：我 来 中国 以后，一直 受到 几 位 中国 朋友 的 照顾，回 国 时，
　　Wǒ lái Zhōngguó yǐhòu, yìzhí shòudào jǐ wèi Zhōngguó péngyou de zhàogù, huí guó shí,
　　应该 做 些 什么 呢?
　　yīnggāi zuò xiē shénme ne?

B：应该 分别 对 他们 表示 感谢，也 可以 送 一些 纪念品 给 他们。
　　Yīnggāi fēnbié duì tāmen biǎoshì gǎnxiè, yě kěyǐ sòng yìxiē jìniànpǐn gěi tāmen.
　　另外 还 应该 告诉 他们 回 国 后 和 自己 的 联系 方法。
　　Lìngwài hái yīnggāi gàosu tāmen huí guó hòu hé zìjǐ de liánxì fāngfǎ.

A：知道 了。谢谢 你 了。
　　Zhīdao le. Xièxie nǐ le.

B：不谢。
　　Búxiè.

トライ!練習

1．次の日本語を中国語に訳しなさい。

  ① 今日は昨日よりずっと寒い。

  ② ジャスミン茶はずっと高い。

  ③ 私の家は鈴木君の家ほど広くない。

  ④ フラダンスはフラメンコほど難しくない。

  ⑤ 誰であろうと、法律を守るべきである。   遵守　*zūnshǒu*　守る

第12课　节日
Dì shí'èr kè　Jiérì

1．……看

「動詞の重ね型」、「動詞＋期間を表す語」、「動詞＋数詞＋助数詞」の後に用いて、「…してみる」という意味を表す。

① 这种红茶怎么样，你喝喝看。

　　Zhè zhǒng hóngchá zěnmeyàng, nǐ hēhekàn.

② 你干几天看，如果不行，就换其他的工作。

　　Nǐ gàn jǐtiān kan, rúguǒ bùxíng, jiù huàn qítā de gōngzuò.

干 gàn　する、やる／不行 bùxíng　だめだ、いけない

③ 那张DVD可能还在，我找一下儿看。

　　Nà zhāng DVD kěnéng hái zài, wǒ zhǎo yíxiàr kàn.

2．介词「把」

動詞の前に置いて、処置などを表す。動詞の後に「了、着」などの助詞や補語、動詞の重ね型などを用いなければならない。

① 快把苹果吃了。

　　Kuài bǎ píngguǒ chī le.

② 请把桌子搬出去。

　　Qǐng bǎ zhuōzi bānchu qu.

③ 小王，你把黑板擦擦。

　　XiǎoWáng, nǐ bǎ hēibǎn cāca.

本文

🔊 47

<table>
<tr><td rowspan="9">単語</td><td>除夕　chúxī：大晦日</td><td>赏　shǎng：鑑賞する</td></tr>
<tr><td>放假　fàngjià：休みになる</td><td>指定　zhǐdìng：…指定する</td></tr>
<tr><td>团圆　tuányuán：団らん</td><td>挂满　guàmǎn：いっぱい掛かっている</td></tr>
<tr><td>年夜饭　niányèfàn：大晦日の夜の食事</td><td>彩灯　cǎidēng：イルミネーション</td></tr>
<tr><td>放鞭炮　fàngbiānpào：爆竹を鳴らす</td><td>齐放　qífàng：いっせいに点灯する</td></tr>
<tr><td>辞旧迎新　cíjiùyíngxīn：
旧年と別れ、新年を迎える</td><td>燃放焰火　ránfàngyànhuǒ：
花火を打ち上げる</td></tr>
<tr><td>拜年　bàinián：年始回り</td><td>纷纷　fēnfēn：次々と</td></tr>
<tr><td>粽子　zòngzi：ちまき</td><td>观灯　guāndēng：イルミネーションを見る</td></tr>
</table>

中国的节日　Zhōngguó de jiérì

🔊 48

中国　的　节日　分　公历　的　和　阴历　的　两　种：元旦、劳动节、
Zhōngguó de jiérì fēn gōnglì de hé yīnlì de liǎng zhǒng: Yuándàn, LáodòngJié,

国庆节　等　是　公历　的　节日；春节、端午节、中秋节　等　是　阴历　的
GuóqìngJié děng shì gōnglì de jiérì; ChūnJié, DuānwǔJié, ZhōngqiūJié děng shì yīnlì de

节日。
jiérì.

　阴历　正月　初一　的　春节　是　中国　最　热闹　的　节日。从　除夕　起，
Yīnlì zhēngyuè chūyī de ChūnJié shì Zhōngguó zuì rènao de jiérì. Cóng chúxī qǐ,

全国　放假　七　天。人们　特别　重视　除夕　晚上　的　一　顿　饭，它　被
quánguó fàngjià qī tiān. Rénmen tèbié zhòngshì chúxī wǎnshang de yí dùn fàn, tā bèi

称为　团圆饭。吃完　年夜饭，一　到　晚上　十二　点，人们　都　大放　鞭炮，
chēngwéi tuányuánfàn. Chīwán niányèfàn, yí dào wǎnshang shí'èr diǎn, rénmen dōu dàfàng biānpào,

表示　辞旧迎新。新年　期间，中国人　还　有　给　亲戚、朋友、同事　拜年
biǎoshì cíjiùyíngxīn. Xīnnián qījiān, Zhōngguórén hái yǒu gěi qīnqi, péngyou, tóngshì bàinián

的　习惯。
de xíguàn.

　阴历　五　月　初五　的　端午节　和　八　月　十五　的　中秋节　也　是
Yīnlì wǔ yuè chūwǔ de DuānwǔJié hé bā yuè shíwǔ de ZhōngqiūJié yě shì

中国　的　传统　节日。端午节　吃　粽子，中秋节　吃　月饼、赏　明月，这
Zhōngguó de chuántǒng jiérì. DuānwǔJié chī zòngzi, ZhōngqiūJié chī yuèbing, shǎng míngyuè, zhè

是　很　早　以前　就　有　的　习惯。
shì hěn zǎo yǐqián jiù yǒu de xíguàn.

公历 十 月 一 日 是 中华人民 共和国 的 诞生日，中国 政府 把
Gōnglì shí yuè yī rì shì Zhōnghuárénmíng Gònghéguó de dànshēngrì, Zhōngguó zhèngfǔ bǎ

这 一 天 指定为 国庆节。从 十 月 一 日 起，全国 也 放假 七 天。
zhè yì tiān zhǐdìngwéi GuóqìngJié. Cóng shí yuè yī rì qǐ, quánguó yě fàngjià qī tiān.

国庆节 期间，城市里 的 建筑物上 挂满 彩灯，一 到 晚上，彩灯 齐放，
GuóqìngJié qījiān, chéngshìli de jiànzhùwùshang guàmǎn cǎidēng, yí dào wǎnshang, cǎidēng qífàng,

非常 漂亮。十 月 一 日 晚上，北京、上海 等 大城市 还 燃放 焰火。
fēicháng piàoliang. Shí yuè yī rì wǎnshang, Běijīng、Shànghǎi děng dàchéngshì hái ránfàng yànhuǒ,

人们 纷纷 上街 观 灯、看 焰火，街上 非常 热闹。
rénmen fēnfēn shàngjiē guāndēng、kàn yànhuǒ, jiēshang fēicháng rènao.

置き換えて言おう

1. A：这个菜 好吃不好吃? 　Zhè ge cài hǎochī bu hǎochī?
   B：你吃吃看，喜欢的话，再要一个。
   　　Nǐ chīchikan, xǐhuan de huà, zài yào yí ge.

① A：第九交响乐音乐会的票　还有没有
   　　dìjiǔjiāoxiǎngyuèyīnyuèhuìdepiào　háiyǒuméiyǒu

   B：上网查查　有　再买两张
   　　shàngwǎngchácha yǒu zàimǎiliǎngzhāng

② A：这台笔记本电脑　好不好
   　　zhètáibǐjìběndiànnǎo　hǎobuhǎo

   B：用几天　好　再买一台
   　　yòngjǐtiān　hǎo　zàimǎiyìtái

③ A：中国的动车组列车　舒适不舒适
   　　Zhōngguódedòngchēzǔlièchē　shūshìbushūshì

   B：坐一次　舒适　下次出差我也坐
   　　zuòyícì　shūshì　xiàcìchūchāiwǒyězuò

笔记本电脑 bǐjìběndiànnǎo
　ノートパソコン
动车组列车 dòngchēzǔlièchē
　時速二百キロ以上、新
　幹線のような電車
舒适 shūshì　快適である

2. A：中国人也过圣诞节吗? 　Zhōngguórén yě guò ShèngdànJié ma?
   B：有些年轻人也过。 　Yǒu xiē niánqīngrén yě guò.

① A：摆设　圣诞树　　B：家庭　摆设
   　　bǎishè　shèngdànshù　　jiātíng　bǎishè

② A：互寄　圣诞卡　　B：人　互寄
   　　hùjì　shèngdànkǎ　　rén　hùjì

③ A：互寄　贺年片　　B：人　互寄
   　　hùjì　hèniánpiàn　　rén　hùjì

圣诞节 ShèngdànJié
　クリスマス
摆设 bǎishè　飾る
圣诞树　shèngdànshù
　クリスマス・ツリー
互寄 hùjì
　互いに出しあう
贺年片 hèniánpiàn　年賀状

3. A：新年期间你做什么? 　Xīnnián qījiān nǐ zuò shénme?
   B：去拜年、逛庙会等等。 　Qù bàinián、guàng miàohuì děngdeng.

① B：在家休息、看电视
   　　zàijiā xiūxi、kàndiànshì

② B：看日出、去外国旅游
   　　kànrìchū、qùwàiguólǚyóu

③ B：回老家、听音乐会
   　　huílǎojiā、tīngyīnyuèhuì

庙会 miàohuì　縁日の市

会 話

単語	走亲戚　zǒuqīnqi：親戚の家に行く 寺庙　sìmiào：寺 烧香、拜佛　shāoxiāng、bàifó： 　　　　　　　　線香をあげ、仏像を拝む	碰　pèng：出会う 熟人　shúrén：知り合い 恭喜　gōngxǐ：おめでとう

谈过年　Tán guònián

🔊 50

A：过年 时，学校 也 休息 七 天 吗?
　　Guònián shí, xuéxiào yě xiūxi qī tiān ma?

B：不，春节 前后 各 一 个 星期，学校 都 放 寒假，老师 和 学生 可以
　　Bù, ChūnJié qiánhòu gè yí ge xīngqī, xuéxiào dōu fàng hánjià, lǎoshī hé xuésheng kěyǐ
　　休息 两 个 星期 左右。
　　xiūxi liǎng ge xīngqī zuǒyòu.

A：中国人 一般 什么 时候 互寄 贺年片?
　　Zhōngguórén yìbān shénme shíhou hùjì hèniánpiàn?

B：一般 在 元旦。
　　Yìbān zài Yuándàn.

A：中国人 过年 前 有 大扫除 的 习惯 吗?
　　Zhōngguórén guònián qián yǒu dàsǎochú de xíguàn ma?

B：有，把 屋里 屋外 都 打扫干净，干干净净 地 过 新年。
　　Yǒu, bǎ wūli wūwài dōu dǎsǎogānjìng, gānganjīngjīng de guò xīnnián.

A：中国人 的 年夜饭上 都 有 饺子 吗?
　　Zhōngguórén de niányèfànshang dōu yǒu jiǎozi ma?

B：不，一般 长江 以北 的 人 的 年夜饭上 都 有 饺子，长江 以南 的
　　Bù, yìbān ChángJiāng yǐběi de rén de niányèfànshang dōu yǒu jiǎozi, ChángJiāng yǐnán de
　　人 的 年夜饭上 都 有 鱼，表示 "年年有余"。
　　rén de niányèfànshang dōu yǒu yú, biǎoshì "niánniányǒuyú".

A：过年 时，大家 都 干 什么 呢?
　　Guònián shí, dàjiā dōu gàn shénme ne?

B：有 的 人 去 拜年、走 亲戚，有的 人 去 寺庙 烧香、拜佛，有的 人
　　Yǒu de rén qù bàinián, zǒu qīnqi, yǒude rén qù sìmiào shāoxiāng, bàifó, yǒude rén
　　去 旅游 或 参加 各种 娱乐 活动。
　　qù lǚyóu huò cānjiā gèzhǒng yúlè huódòng.

A：新年 在 街上 碰到 熟人，应该 说 什么 呢?
　　Xīnnián zài jiēshang pèngdào shúrén, yīnggāi shuō shénme ne?

B：可以 说 "新年好"、"新年愉快"、"恭喜发财" 等等。
　　Kěyǐ shuō "xīnniánhǎo"、 "xīnniányúkuài"、 "gōngxǐfācái" děngdeng.

トライ!練習

1．次の会話文を完成しなさい

① A：＿＿＿＿＿＿＿＿＿＿？

B：可能还在，我找找看。

② A：＿＿＿＿＿＿＿＿＿＿？

B：我没有去中国人家过过年。

③ A：＿＿＿＿＿＿＿＿＿＿？

B：我去泰山看过日出。

④ A：你每年给女朋友（男朋友）送圣诞礼物吗?

B：＿＿＿＿＿＿＿＿＿＿。

⑤ A：中国人过阳历年，还是过阴历年?

B：＿＿＿＿＿＿＿＿＿＿。

阳历年 yánglìnián　西暦の新年

二訂版
初めての中国語 ─ 実用編

羅　　奇　　祥　著
仲川　麻衣子

2009. 4. 20　初版発行
2023. 4. 1　二訂版初版発行

発行者　井　田　洋　二

〒 101-0062　東京都千代田区神田駿河台３の７　　株式会社　**駿河台出版社**
発行所　電話　03(3291)1676　FAX　03(3291)1675
　　　　振替　00190-3-56669

製版　フォレスト／印刷・製本　三友印刷
http://www.e-surugadai.com